ZEN IN DER KUNST
DES BOGENSCHIESSENS

EUGEN HERRIGEL
(Bungaku Hakushi)

ZEN
IN DER KUNST
DES
BOGENSCHIESSENS

OTTO WILHELM BARTH VERLAG

Das Werk wurde in dreizehn Sprachen übersetzt

41. Auflage 2001

Schutzumschlag von Gerhard Noltkämper unter
Verwendung eines Fotos von Eberhard Grames.

ZEN
IN DER
KUNST DES
BOGENSCHIESSENS

EINLEITUNG
von Daisetz T. Suzuki

EINER DER WESENTLICHSTEN FAKtoren in der Ausübung des Bogenschießens und jener anderen Künste, die in Japan und wahrscheinlich auch in anderen fernöstlichen Ländern ausgeführt werden, ist die Tatsache, daß sie keinen nützlichen Zwecken dienen, auch nicht zum rein ästhetischen Vergnügen gedacht sind, sondern eine Schulung des Bewußtseins bedeuten und dieses in Beziehung zur letzten Wirklichkeit bringen sollen. So wird Bogenschießen nicht allein geübt, um die Scheibe zu treffen, das Schwert nicht geschwungen, um den Gegner niederzuwerfen; der Tänzer tanzt nicht nur um rhythmische Bewegungen des Körpers auszuführen, sondern vor allem soll das Bewußtsein dem Unbewußten harmonisch angeglichen werden.

Um wirklich Meister des Bogenschießens zu sein, genügt technische Kenntnis nicht. Die Technik muß überschritten werden, so daß das Können zu einer „nichtgekonnten Kunst" wird, die aus dem Unbewußten erwächst.

In Bezug auf das Bogenschießen bedeutet dies, daß Schütze und Scheibe nicht mehr zwei entgegengesetzte Dinge sind, sondern eine einzige Wirklichkeit. Der Bogenschütze ist nicht mehr seiner selbst bewußt, als stünde ihm die Aufgabe zu, die Scheibe vor ihm zu treffen. Dieser Zustand der Unbewußtheit wird aber nur erreicht, wenn er von seinem Selbst vollkommen frei und gelöst ist, wenn er eins ist mit der Vollkommenheit seiner technischen Geschicklichkeit. Dies ist etwas vollkommen anderes als jeder Fortschritt, der in der Kunst des Bogenschießens erreicht werden könnte.

Dieses andere, das einer ganz anderen Ordnung angehört, wird *s a t o r i* genannt. Es ist Intuition, die aber vollkommen verschieden ist von dem, was gemeinhin Intuition genannt wird. Darum nenne ich sie *p r a j n a*-Intuition. *P r a j n a* kann als „transzendentale Weisheit" bezeichnet werden. Aber auch dieser Ausdruck vermag nicht alle Tönungen wiederzugeben, die in dieser Bezeichnung enthalten sind, denn *p r a j n a* ist eine Intuition, die sofort die Totalität und Individualität aller Dinge erfaßt. Es ist eine Intuition, die ohne irgendwelche Meditation erkennt, daß Zero unendlich ist (—) und Unendlichkeit Zero ist (—); und dies ist nicht symbolisch oder mathematisch gemeint, sondern ist eine unmittelbar wahrnehmbare Erfahrung.

S a t o r i ist deshalb, psychologisch gesprochen, ein Jenseits der Grenzen des Ichs. Logisch betrachtet ist es Einblick in die Synthese von Bejahung und Verneinung, metaphysisch gesprochen intuitives Erfassen, daß das Sein Werden und das Werden Sein ist.

Der charakteristische Unterschied zwischen Zen und allen anderen Lehren religiöser, philosophischer oder mystischer Art ist die Tatsache, daß es niemals aus unserem täglichen Leben schwindet und doch bei all seiner praktischen Anwendungsmöglichkeit und Konkretheit etwas in sich schließt, das es aus dem Schauspiel der weltlichen Beflekkung und Rastlosigkeit herausstellt.

Hier berühren wir die Beziehung zwischen Zen und Bogenschießen oder den anderen Künsten wie

Fechten, Blumenschmücken, Teezeremonie, Tanzen und die feinen Künste.

Zen ist „das tägliche Bewußtsein", wie Baso Matsu (gestorben 788) es ausdrückt. Dieses „tägliche Bewußtsein" ist nichts anderes als „schlafen, wenn man müde ist, essen, wenn man hungert". Sobald wir nachdenken, überlegen und Begriffe bilden, geht das ursprünglich Unbewußte verloren und ein Gedanke taucht auf. Wir essen nicht mehr, wenn wir essen, schlafen nicht mehr, wenn wir schlafen. Der Bogen ist abgeschossen, aber er fliegt nicht gerade zur Scheibe hin, und die Scheibe steht auch nicht dort, wo sie stehen soll.

Der Mensch ist ein denkendes Wesen, aber seine großen Werke werden vollbracht, wenn er nicht rechnet und denkt. „Kindlichkeit" muß nach langen Jahren der Übung in der Kunst des Sich-Selbst-Vergessens wieder erlangt werden. Ist dies erreicht, dann denkt der Mensch und denkt doch nicht. Er denkt wie der Regen, der vom Himmel fällt; er denkt wie die Wogen, die auf dem Meere treiben; er denkt wie die Sterne, die den nächtlichen Himmel erleuchten; wie das grüne Laubwerk, das aufsprießt unter dem milden Frühlingswind. Er ist in der Tat selbst der Regen, das Meer, die Sterne, das Grün.

Hat der Mensch diese Stufe der „geistigen" Entwicklung erreicht, ist er ein Zenmeister des Lebens. Er bedarf nicht wie der Maler Leinwand, Pinsel und Farben. Er bedarf nicht wie der Bogenschütze Bogen, Pfeil und Scheibe oder andere Ausrüstung. Er hat seine Glieder, seinen Körper, Kopf und ähnliches. Sein Zenleben drückt sich durch alle diese „Werkzeuge" aus, die wichtig als seine Erscheinungsformen sind. Seine Hände und Füße sind die Pinsel, und das ganze Weltall ist die

Leinwand, auf der er sein Leben siebzig, achtzig, neunzig Jahre lang aufmalen wird. Dieses Bild heißt „Geschichte".

Hoyen von Gosozan (gestorben 1104) sagt: „Hier ist ein Mann, der die Leere des Raums in ein Blatt Papier, die Wellen des Meeres in ein Tintenfaß und den Berg Sumeru in einen Pinsel verwandelt und die fünf Silben schreibt: s o - s h i - s a i - r a i - i. *(Diese fünf chinesischen Silben heißen wörtlich übersetzt: ‚Des ersten Patriarchen Grund, aus dem Westen zu kommen.' Dieses Thema bildet oft den Inhalt eines* m o n d o. *Es ist das gleiche als früge man nach dem Wesen des Zen. Ist dies verstanden, ist Zen dieser Körper selbst.) Ihm gebe ich meinen* z a g u *(Zagu ist einer der Gegenstände, die der Zenmönch trägt. Er wird vor ihm ausgebreitet, wenn er sich vor dem Buddha oder dem Lehrer verneigt) und verbeuge mich tief vor ihm." Man könnte fragen, was diese phantastische Art des Schreibens bedeutet. Warum ist ein Mensch, der solches vermag, der höchsten Verehrung würdig? Vielleicht würde ein Zenmeister antworten: „Ich esse, wenn ich Hunger habe, ich schlafe, wenn ich müde bin." Dem Leser aber wird die Frage nach dem Bogenschützen noch immer unbeantwortet erscheinen.*

In dem vorliegenden wunderbaren Buch gibt Professor Herrigel, ein deutscher Philosoph, der nach Japan kam und die Kunst des Bogenschießens zum Verständnis des Zen übte, einen erleuchteten Bericht über seine eigene Erfahrung. Seine Ausdrucksweise wird den westlichen Leser vertraut machen mit jener seltsamen und scheinbar unzugänglichen Art der östlichen Erfahrung.

Ipswich, Massachusetts, Mai 1953

ES MUSS AUF DEN ERSTEN BLICK als unerträgliche Herabwürdigung erscheinen, das Zen — was immer man darunter verstehen möge — in Verbindung mit dem Bogenschießen gebracht zu sehen. Selbst wenn man in weitherzigem Entgegenkommen damit einverstanden sein sollte, das Bogenschießen als „Kunst" ausgezeichnet zu finden, wird man sich kaum dazu bereit fühlen, etwas anderes als ein ausgesprochen sportliches Können hinter dieser Kunst zu suchen. Man macht sich somit darauf gefaßt, über erstaunliche Leistungen japanischer Kunstschützen etwas zu erfahren, die den Vorteil haben, sich auf eine altehrwürdige und niemals endgültig abgebrochene Tradition im Gebrauch von Bogen und Pfeil berufen zu können. Denn es ist im fernen Osten erst wenige Menschenalter her, daß moderne Waffen die alten Kampfmittel zwar für den Ernstfall verdrängt haben; der Umgang mit ihnen aber wurde dadurch keineswegs unterbunden, sondern pflanzte sich weiter fort und wird seitdem in immer weiteren Kreisen gepflegt. Erwartet man daher nicht vielleicht eine Beschreibung der besonderen Art und Weise, in der das Bogenschießen als nationaler Sport in Japan heutzutage betrieben wird?

Nichts kann verfehlter sein als gerade diese Vermutung. Unter Bogenschießen im hergebrachten Sinn, das er als Kunst achtet und als Vermächtnis ehrt, versteht der Japaner nicht einen Sport, sondern, so sonderbar dies zunächst auch klingen mag, ein kultisches Geschehen. Und somit versteht er unter „Kunst" des Bogenschießens nicht ein durch vorwiegend körperliche Übung mehr oder weniger beherrschbares sportliches Können, sondern ein Können, dessen Ursprung in geistigen Übungen zu suchen ist und dessen Ziel in einem geistigen Treffen besteht: so daß also der Schütze im Grunde genommen auf sich selbst zielt und dabei vielleicht erreicht, daß er sich selbst trifft.

Dies klingt zweifellos rätselhaft. Wie?, wird man sagen, das Bogenschießen, einst zum Kampf auf Leben und Tod geübt, soll sich nicht einmal in einen handgreiflichen Sport hinübergerettet haben, sondern zu einem geistigen Exercitium geworden sein? Wozu dann noch Bogen und Pfeil und Zielscheibe? Hat man da nicht die mannhafte alte Kunst und den eindeutig redlichen Sinn des Bogenschießens verleugnet und an seine Stelle etwas Verschwommenes, wenn nicht geradezu Phantastisches gesetzt?

Es ist indessen zu bedenken, daß der eigentümliche Geist dieser Kunst, seit er sich nicht mehr in blutiger Auseinandersetzung zu bewähren hat, nur um so unabgelenkter und überzeugender hervorgetreten ist — jener Geist also, der nicht erst neuerdings in den Umgang mit Bogen und Pfeil hineingedeutet zu werden brauchte, weil er schon immer mit ihm verbunden war. Es verhält sich also durchaus nicht so, daß die überlieferte Technik des Bogenschießens, seit es im Waffengang keine Rolle mehr spielt, in einen heiteren Zeitvertreib verwandelt, damit aber auch zugleich verharmlost worden wäre. Die „Große Lehre“ des Bogenschießens sagt etwas anderes darüber aus. Nach ihr ist Bogenschießen nach wie vor eine Angelegenheit auf Leben und Tod in dem Maße, wie es Auseinandersetzung des Schützen mit sich selbst ist; und diese Weise der Auseinandersetzung ist nicht verkümmerter Ersatz, sondern tragender Grund aller nach außen hin gerichteten Auseinandersetzung — etwa mit dem leibhaftigen Gegner. In dieser Auseinandersetzung des Schützen mit sich selbst zeigt sich also erst das geheime Wesen dieser Kunst, und die Unterweisung in ihr unterschlägt daher nichts Wesentliches, wenn sie auf die Nutzanwendung, welche die Praxis des ritterlichen Kampfes ehemals verlangte, verzichtet.

Wer sich heute dieser Kunst verschreibt, zieht daher aus der geschichtlichen Entwicklung den unbestreitbaren Gewinn, nicht der Versuchung zu erliegen, das Verständnis der „Großen Lehre“ durch praktische Zwecksetzungen — auch wenn er sie vor sich selbst verbergen sollte — zu trüben, wenn nicht schlechthin unmöglich zu machen. Denn der Zugang ist, und darin stimmen die Bogenmeister über die Zeiten hinweg miteinander überein, nur denen vergönnt,

die „reinen", um Nebenabsichten unbekümmerten Herzens sind.
Fragt man von hier aus, wie japanische Bogenmeister diese Auseinandersetzung des Schützen mit sich selbst sehen und schildern, so muß ihre Antwort vollends rätselhaft klingen. Denn die Auseinandersetzung besteht für sie darin, daß der Schütze auf sich selbst — und wiederum nicht auf sich selbst — zielt, daß er dabei vielleicht sich selbst — und wiederum nicht sich selbst — trifft und somit in einem Zielender und Ziel, Treffender und Getroffener ist. Oder, um mich einiger Ausdrücke zu bedienen, die Bogenmeistern ans Herz gewachsen sind: es kommt darauf an, daß der Schütze trotz all seinem Tun unbewegte Mitte wird. Dann stellt das Größte und Letzte sich ein: die Kunst wird kunstlos, das Schießen wird zu einem Nichtschießen, zu einem Schießen ohne Bogen und Pfeil; der Lehrer wird wieder zum Schüler, der Meister zum Anfänger, das Ende zum Beginn und der Beginn zur Vollendung.
Für den Ostasiaten sind diese geheimnisvollen Formeln durchsichtig und vertraut. Uns dagegen machen sie ohne Zweifel völlig ratlos. Es bleibt daher nichts anderes übrig, als noch weiter auszuholen. Seit geraumer Zeit ist es selbst für uns Europäer kein Geheimnis mehr, daß die japanischen Künste um ihrer inneren Form willen auf eine gemeinsame Wurzel zurückweisen: auf den Buddhismus. Dies gilt für die Kunst des Bogenschießens in demselben Sinn und Maße wie für die Tuschemalerei, für die

Schauspielkunst nicht weniger als für die Teezeremonie, die Kunst des Blumenstellens und die Schwertmeisterschaft. Es besagt zunächst, daß sie alle eine geistige Haltung voraussetzen und je nach ihrer Eigenart bewußt pflegen, die in ihrer gesteigertsten Form dem Buddhismus eigentümlich ist und das Wesen des priesterlichen Menschen bestimmt. Freilich ist hierbei nicht der Buddhismus schlechthin gemeint. Nicht um den ausgesprochen spekulativen Buddhismus dreht es sich hier, den man um seines angeblich zugänglichen Schrifttums willen allein in Europa kennt und sogar zu verstehen beansprucht, sondern um den „Dhyana"-Buddhismus, den man in Japan als „Zen" bezeichnet, und der in erster Linie nicht Spekulation, sondern unmittelbare Erfahrung dessen sein will, was als grundloser Grund des Seienden vom Verstande nicht ausgedacht, ja nicht einmal nach noch so eindeutigen und unwiderstehlichen Erfahrungen begriffen und gedeutet zu werden vermag: man weiß es, indem man es nicht weiß. Um dieser entscheidenden Erfahrungen willen schlägt der Zen-Buddhismus Wege ein, welche durch ein methodisch geübtes Sichversenken dahin führen sollen, im tiefsten Grunde der Seele des unnennbar Grund- und Weiselosen inne, noch mehr: mit ihm eins zu werden. Und dies bedeutet nun mit Rücksicht auf das Bogenschießen in freilich ganz vorläufiger und eben deshalb vielleicht bedenklicher Feststellung: die geistigen Übungen, denen allein zu verdanken ist, daß die Technik des Bogenschießens zur Kunst wird und, wenn es sich so fügen sollte, als kunstlose Kunst sich vollendet, sind mystische Übungen, und das Bogenschießen kann somit unter keinen Umständen den Sinn haben, mit Bogen und Pfeil äußerlich, sondern mit sich selbst innerlich etwas auszurichten. Bogen und Pfeil sind gleichsam nur ein Vorwand für etwas, was sich auch ohne sie ereignen könnte, nur der Weg zu einem Ziel, nicht das Ziel selbst, nur Hilfen für den letzten entscheidenden Sprung.

Angesichts dieser Sachlage wäre nun nichts erwünschter, als wenn man sich um eines tieferen Verständnisses willen an Darlegungen von Zen-Buddhisten halten könnte. Daran fehlt es in der Tat nicht. So hat etwa D. T. Suzuki in seinen „Essays on Zen-Buddhism" den Nachweis dafür zu erbringen vermocht, daß japanische Kultur und Zen aufs innigste zusammenhängen, daß also die japanischen Künste, die geistige Haltung der Samurai, der japanische Lebensstil, die moralische, ästhetische, ja bis zu einem gewissen Grade sogar die intellektuelle Lebensform des Japaners ihre Eigenart dieser zenistischen Grundlage verdanken und daher von dem, der mit ihr nicht vertraut ist, nicht hinreichend verstanden werden können.

Die überaus bedeutsamen Schriften Suzukis — neuerdings auch in deutscher Sprache zugänlich[1]), sowie Untersuchungen anderer japanischer Forscher haben berechtigtes Aufsehen erregt. Bereitwillig gibt man zu, daß der in Indien geborene Dhyana-Buddhismus, in China nach einschneidenden Wandlungen zu voller Reife entwickelt, endlich von Japan übernommen und bis zum heutigen Tage in lebendiger Tradition gepflegt — daß also dieses Zen bisher ungeahnte Weisen menschlicher Existenz entbinde, in die nun endlich Einblick zu gewinnen gar nicht hoch genug angeschlagen werden könne.

Trotz aller Bemühungen zenistischer Künder ist indessen der uns Europäern bisher vergönnte Einblick in das Wesen des Zen unleugbar überaus dürftig geblieben. Als ob es sich tieferem Eindringen widersetze, stößt das ahnend-erschließende Sicheinfühlen nach wenigen Schritten schon auf unüberwindliche Schranken. In undurchdringliches Dunkel gehüllt, muß das Zen als das seltsamste Rätsel erscheinen, welches ostasiatisches Geistesleben aufgegeben hat: unlösbar und dennoch unwiderstehlich anziehend.

Der Grund für diese schmerzlich empfundene Unzugänglichkeit ist in gewisser Hinsicht im Stil der Darstellungen zu suchen, welche das Zen bisher gefunden hat. Kein Verständiger wird verlangen, daß der Zenist die Erfahrungen, die ihn befreit und gewandelt haben, daß er die unausdenkbare und unaussagbare „Wahrheit", aus der er fortan lebt, auch nur zu umschreiben versuche. Das Zen ist in dieser Hinsicht der reinen Versenkungsmystik verwandt. Wer mystischer Erfahrungen nicht teilhaftig ist, bleibt, wie immer er sich auch drehe und wende, außerhalb stehen. Dieses Gesetz, dem alle echte Mystik gehorcht, läßt keine Ausnahme zu. Dem widerspricht nicht, daß es eine verschwenderische Fülle heilig gehaltener Zen-Texte gibt. Sie haben indessen die Eigenschaft, nur dem ihren lebensspendenden Sinn zu offenbaren, der aller entscheidenden Erfahrungen gewürdigt worden ist und somit aus diesen Texten die Bestätigung dessen herauszulesen vermag, was er unabhängig von ihnen schon hat und ist. Dem Unerfahrenen gegenüber bleiben sie dagegen nicht nur stumm — wie sollte er auch in der Lage sein, gleichsam zwischen den Zeilen zu lesen? —, sondern führen ihn unweigerlich in eine heillose geistige Irre, auch wenn er sich ihnen mit scheuer Behutsamkeit und selbstvergessener Hingabe naht. Zen kann somit wie alle Mystik nur von dem verstanden werden, der selbst Mystiker ist und daher nicht in die Versuchung kommt, auf andere Weise erschleichen zu wollen, was ihm die mystische Erfahrung vorenthält.

Nun führt aber der durch das Zen Gewandelte und durch das „Feuer der Wahrheit" Geläuterte ein viel zu überzeugendes Dasein, als daß es übersehen werden könnte. Es ist daher nicht vermessen, wenn der, welcher aus ahnungsvoll drängender geistiger Verwandtschaft Zugang zu der namenlosen Macht finden möchte, die so Großes wirkt — denn der bloß Neugierige hat kein Recht, Ansprüche zu stellen —, erwartet, daß der Zenist dafür doch wenigstens den Weg beschreibe, der zum Ziele führt. Kein Mystiker und somit auch kein Zenist ist mit dem ersten

Schritt schon der, als der er, sich vollendend, sein kann. Wie viel muß er überwinden und hinter sich lassen, damit er endlich auf die Wahrheit stoße! Wie oft peinigt ihn unterwegs das trostlose Gefühl, er strebe Unmögliches an! Und doch ist dieses Unmögliche eines Tages möglich, ja sogar selbstverständlich geworden. Ist somit nicht Raum für die Hoffnung, die sorgfältige Beschreibung dieses langen und beschwerlichen Weges verstatte vielleicht dies eine: sich wenigstens zu fragen, ob man ihn wagen möchte?

Solche Beschreibungen des Weges und seiner Stationen fehlen nun aber im zenistischen Schrifttum nahezu völlig. Dies hängt einerseits damit zusammen, daß gerade der Zenist sich am entschiedensten dagegen wehrt, eine Art Anweisung zum seligen Leben geben zu wollen. Weiß er doch aus eigenster Erfahrung, daß niemand diesen Weg ohne die gewissenhafte Führung eines erfahrenen Lehrers einzuschlagen und ohne Hilfe eines Meisters zu vollenden vermag. Nicht weniger entscheidend aber ist für ihn andererseits, daß seine Erlebnisse, Überwindungen und Wandlungen, so lange sie noch die „seinigen“ sind, immer wieder von neuem überwunden und gewandelt werden müssen, bis all das Seine vernichtet ist. Denn so erst wird die Basis für Erfahrungen gewonnen, die, als „allumfassende Wahrheit“, ihn zu einem Leben erwecken, das nicht mehr sein alltäglich-persönliches Leben ist. Er lebt, indem nicht mehr er es ist, der lebt.

Von hier aus wird verständlich, weshalb der Zenist jedes Reden von sich selbst und somit von seinem Werdegang vermeidet. Nicht, weil er es für unbescheidene Geschwätzigkeit, sondern weil er es geradezu als Verrat am Zen ansehen muß. Kostet ihn doch schon die Erwägung des Entschlusses, über das Zen selbst etwas verlauten zu lassen, ernste Prüfung. Wie warnend steht vor ihm die Erinnerung an einen der größten Meister, der auf die Frage, was denn das Zen sei, unbewegt schwieg, als habe er sie gar nicht vernommen. Und da sollte der Zenist in die Versuchung kommen, über sich selbst, über das, was er weggeworfen hat und nicht mehr vermißt, Rechenschaft abzulegen?

Angesichts dieser Sachlage wäre es nicht zu verantworten, wollte ich dabei stehen bleiben, mit paradoxen Formeln weiterhin aufzuwarten und mich mit Worten, die den Mund recht voll nehmen, zu entlasten. Verfolge ich doch die Absicht, das Wesen des Zen in der Art und Weise, wie es sich in einer der von ihm geprägten Künste auswirkt, aufleuchten zu lassen. Dieses Leuchten ist freilich noch keine Erleuchtung in der für das Zen so fundamentalen Bedeutung dieses Wortes, aber zeigt doch wenigstens an, daß es da etwas geben muß, was sich wie hinter undurchdringlichen Nebelwänden dem Blick verbirgt und wie Wetterleuchten den fernen Blitz kündet. Die Kunst des Bogenschießens stellt, so verstanden, gleichsam eine Vorschule des Zen dar und erlaubt, in zunächst noch durchaus handgreiflichen Vollzügen Geschehnisse durchsichtig zu machen, die aus sich selbst nicht mehr begreiflich sind. In sachlicher Hinsicht wäre es durchaus möglich, von jeder der genannten Künste her einen Weg zum Wege des Zen zu bahnen.

Meine Absicht aber glaube ich am wirksamsten dadurch erreichen zu können, daß ich den Weg beschreibe, den ein Schüler der Kunst des Bogenschießens zurückzulegen hat. Genauer gesagt will ich versuchen, über einen nahezu sechsjährigen Unterricht, den ich während meines Aufenthalts in Japan von einem der größten Meister dieser Kunst erhielt, zu berichten. Eigene Erfahrungen also ermächtigten mich zu diesem Unternehmen. Um aber auch nur einigermaßen verstanden zu werden — denn schon diese Vorschule birgt des Rätselhaften genug —, bleibt mir nichts anderes übrig, als ausführlich aller der Widerstände, die ich zu überwinden hatte, und aller der Hemmungen, von denen ich mich lösen mußte, zu gedenken, bevor es mir gelang, in den Geist der Großen Lehre einzudringen. Ich berichte also von mir selbst nur deshalb, weil ich keinen anderen Weg sehe, das gesteckte Ziel zu erreichen. Aus demselben Grunde werde ich mich auf die Darstellung des Wesentlichen beschränken, damit es um so schärfer hervortritt. Ich verzichte bewußt darauf, den Rahmen, innerhalb dessen der Unterricht vor sich ging, zu schildern, Szenen, die sich in der Erinnerung festgesetzt haben, heraufzubeschwören, vor allem aber ein Bild des Meisters zu zeichnen — so verlockend dies alles auch immer sein mag. Immer nur um die Kunst des Bogenschießens soll es sich drehen, die darzustellen, wie mir manchmal vorkommt, noch schwieriger ist, als sie zu erlernen; und bis an die Stelle soll die Darstellung geführt werden, von der aus jene fernsten Horizonte sichtbar zu werden beginnen, hinter denen das Zen atmet.

WESHALB ICH MICH MIT DEM Zen einließ und mir vornahm, zu diesem Zweck gerade die Kunst des Bogenschießens zu erlernen, bedarf einer Erklärung. Schon als Student hatte ich mich eingehend, wie aus geheimem Drang, mit Mystik beschäftigt, trotz einer Zeitstimmung, die für solche Anliegen wenig übrig hatte. Bei aller Bemühung aber war ich mehr und mehr dessen inne geworden, daß ich mystische Schriften nicht anders als von außen her anzugehen vermochte und das, was man als das mystische Urphänomen bezeichnen darf, wohl einzukreisen wußte, ohne daß es mir doch gelungen wäre, die Kreislinie, die wie eine hohe Mauer das Geheimnis umschließt, zu überspringen. Auch in dem umfangreichen Schrifttum über Mystik fand ich gerade das nicht, was ich suchte und kam, allmählich enttäuscht und entmutigt, zu der Einsicht, daß nur der wahrhaft Abgeschiedene verstehen kann, was mit „Abgeschiedenheit“ gemeint ist, und das nur der Entsunkene, der seiner selbst völlig los und ledig geworden ist, zur „Einswerdung“ mit dem „übergotten Gott“ bereitet sein mag. Ich hatte also eingesehen, daß es keinen anderen Weg zur Mystik gibt und geben kann als den des eigenen Erfahrens und Durchleidens, und daß, wenn diese Voraussetzung fehlt, alle Rede davon bloßes Wortemachen bleibt. Aber — wie wird man Mystiker? Wie gelangt man in den Zustand wirklicher, nicht bloß vermeintlicher Abgeschiedenheit? Gibt es noch immer einen Weg dahin auch für den, der durch die Kluft von Jahrhunderten von den großen Meistern getrennt ist? Für den modernen Menschen, der unter gänzlich anderen Verhältnissen aufwächst? Nirgends fand ich auch nur einigermaßen befriedigende Antworten auf meine Fragen, auch wenn ich von Stufen und Stationen eines Weges zu hören bekam, der zum Ziele zu führen versprach. Ihn zu begehen, fehlten genaue methodische Anweisungen, die den Meister eine Strecke weit ersetzen könnten. Aber würden solche Anweisungen, wenn es sie gäbe, genügen? Ist es nicht vielmehr so, daß durch sie im besten Falle nur die Bereitschaft hergestellt wird, das zu empfangen, worüber auch die beste Methodik nicht verfügt, daß die mystische Erfahrung somit durch keine vom Menschen herkommende Disposition herbeigezwungen werden kann? Wie ich es auch anstellte, fand ich mich vor verschlossenen Türen stehen und konnte es doch nicht unterlassen, immer wieder daran zu rütteln. Die Sehnsucht aber blieb und, wenn sie müde geworden war, die Sehnsucht nach dieser Sehnsucht.

Als ich daher eines Tages — ich war unterdessen Privatdozent geworden — die Anfrage erhielt, ob ich an der Kaiserlichen Tohoku-Universität Geschichte der Philosophie lehren wolle, begrüßte ich die Möglichkeit, Land und Volk der Japaner kennenzulernen, schon allein deshalb so freudig, weil sich dadurch die Aussicht eröffnete, zum Buddhismus und damit zu seiner Versenkungspraxis und Mystik in Beziehung zu treten. Denn so viel hatte ich schon davon gehört, daß es dort eine sorgsam gehütete Tradition und lebendige Pflege des Zen gibt, eine jahrhundertealte erprobte Kunst der Unterweisung und, als wichtigstes, Lehrer des Zen mit erstaunlicher Erfahrung in der Kunst der Seelenführung.

Kaum hatte ich mich in dem neuen Milieu auch nur einigermaßen zurechtgefunden, kümmerte ich mich um die Verwirklichung meines Anliegens. Ich stieß indessen zunächst auf verlegenes Widerraten. Noch nie habe sich bisher ein Europäer ernsthaft um das Zen bemüht, wurde mir gesagt, und da es selbst die leiseste Spur von „Lehre“ ablehne, sei nicht zu erwarten, daß es mich „theoretisch“ befriedigen werde. Es hat manche verlorene Stunde gekostet, bis es mir gelang, verständlich zu machen, weshalb ich mich gerade dem nichtspekulativen Zen zuwenden wolle. Da belehrte man mich, daß es für den Europäer aussichtslos sei, in dieses für ihn wohl fremdeste Bereich ostasiatischen Geistes-

lebens einzudringen — es sei denn, daß er mit der Erlernung einer der japanischen Künste beginne, die mit dem Zen in Beziehung stehen.
Der Gedanke, eine Art von Vorschule durchlaufen zu müssen, schreckte mich nicht ab. Zu jedem Zugeständnis fühlte ich mich bereit, wenn nur die Hoffnung winkte, mich schrittweise dem Zen zu nähern, und selbst ein mühevoller Umweg erschien mir immer noch als sehr viel besser als gar kein Weg. Welcher von den zu diesem Zwecke namhaft gemachten Künsten sollte ich mich verschreiben? Meine Frau entschied sich ohne langes Zögern für das Blumenstellen und für Tuschemalerei, während mir die Kunst des Bogenschießens mehr zusagte in der, wie sich später herausstellte, überaus irrigen Annahme, meine Erfahrungen im Gewehr- und Pistolenschießen könnten mir hierbei zustatten kommen.
Einen meiner Kollegen, den Professor der Jurisprudenz Sozo Komachiya, der schon seit zwei Jahrzehnten Unterricht im Bogenschießen genommen hatte und mit Recht als der beste Kenner dieser Kunst an der Universität galt, bat ich, er möge mich bei seinem Lehrer, dem berühmten Meister Kenzo Awa, als Schüler anmelden. Der Meister wies meine Bitte zunächst mit der Begründung ab, er habe sich schon einmal dazu verleiten lassen, einen Ausländer zu unterrichten, und dabei schlechte Erfahrungen gemacht. Er sei daher nicht ein zweites Mal bereit, sich Zugeständnisse abzuringen, um den Schüler mit dem eigentümlichen Geist dieser

Kunst nicht behelligen zu müssen. Erst als ich beteuerte, ein Meister, der seine Sache so ernst nehme, dürfe mich wie seinen jüngsten Schüler behandeln, weil ich diese Kunst nicht zum Vergnügen, sondern um der „Großen Lehre“ willen kennenlernen wolle, nahm er mich als Schüler an, zugleich auch meine Frau, da es ja in Japan seit altersher durchaus üblich ist, daß auch Mädchen in dieser Kunst unterrichtet werden, und da zudem die Frau des Meisters und seine beiden Töchter fleißig übten.
Und so begann der ernste und strenge Unterricht, an dem zu unserer Freude auch Herr Komachiya, der sich für uns so hartnäckig eingesetzt und nahezu verbürgt hatte, zugleich als Dolmetscher teilnahm. Darüber hinaus bot mir die günstige Gelegenheit, dem Unterricht, den meine Frau im Blumenstellen und in Tuschemalerei nahm, gleichsam als Gasthörer beizuwohnen, die Aussicht, in hin- und hergehendem Vergleichen und Ergänzen eine noch breitere Basis des Verständnisses zu gewinnen.

DASS DER WEG DER KUNSTLOSEN Kunst nicht leicht ist, sollten wir gleich in der ersten Unterrichtsstunde erfahren. Der Meister zeigte uns zunächst japanische Bögen und erklärte aus ihrem eigenartigen Bau sowie aus dem zu ihrer Herstellung vornehmlich verwendeten Material, nämlich Bambus, ihre außergewöhnliche Spannkraft. Noch weitaus wichtiger aber erschien es ihm, uns auf die überaus edle Form des gegen zwei Meter langen Bogens aufmerksam zu machen, die er annimmt, sobald die Bogensehne eingehängt, der Bogen also zum Gebrauch gespannt ist, und die um so überraschender hervortritt, je weiter die Bogensehne gezogen wird. Ist sie so weit ausgezogen, als es der Bogen zuläßt, dann schließt er sich in das „All“ ein, fügte der Meister erläuternd hinzu, und eben deshalb ist es wichtig, das rechte Spannen zu erlernen. Dann ergriff er den besten und stärksten seiner eigenen Bögen und ließ, in betont feierlicher Haltung, die nur wenig angezogene Bogensehne mehrmals zurückschnellen. Dadurch wird ein Geräusch erzeugt, gemischt aus einem scharfen Schlag und einem tiefen Summen, das man nie mehr vergißt, wenn man es auch nur einigemal gehört hat; so eigentümlich ist es, so unwiderstehlich greift es ans Herz. Von altersher wird ihm die geheime Macht zugeschrieben, böse Geister zu bannen; und ich kann durchaus verstehen, daß diese Deutung im ganzen japanischen Volke Wurzel gefaßt hat. Nach diesem bedeutsam einleitenden Akt der Reinigung und Weihe forderte uns der Meister auf, ihn genau zu beobachten. Er legte einen Pfeil auf, spannte den Bogen so weit, daß ich schon fürchtete, er könne der Beanspruchung, das All in sich zu fassen, nicht standhalten, und schoß endlich ab. Dies alles sah nicht nur sehr schön, sondern auch sehr mühelos aus. Nun gab er die Anweisung: Machen Sie es ebenso, aber beachten Sie dabei, daß Bogenschießen nicht dazu da ist, Muskeln zu stärken. Sie dürfen zum Ziehen der Bogensehne nicht Ihre ganze Körperkraft aufbieten, sondern müssen lernen, nur Ihre beiden Hände die Arbeit tun zu lassen, während die Arm- und Schultermuskeln locker bleiben und wie unbeteiligt zusehen. Erst wenn Sie dies können, erfüllen Sie eine der Bedingungen, unter denen das Spannen und Schießen „geistig" wird. Nach diesen Worten ergriff er meine Hände und führte sie langsam durch die Phasen der Bewegung hindurch, die sie hinfort ausführen sollten, damit ich mich gefühlsmäßig an sie gewöhne.

Schon beim ersten Versuch mit einem mittelstarken Übungsbogen merkte ich, daß ich Kraft, ja sogar erhebliche Körperkraft aufwenden mußte, um ihn zu spannen. Dazu kommt, daß der japanische Bogen nicht etwa wie der europäische Sportbogen in Schulterhöhe gehalten wird, so daß man sich gleichsam in ihn hineindrücken kann. Er wird vielmehr, sobald der Pfeil eingelegt ist, mit nahezu gestreckten Armen hochgenommen, so daß sich die Hände des Schützen über seinem Kopf befinden. Es bleibt somit nichts anderes übrig, als sie gleichmäßig nach rechts und links auseinanderzuziehen, und je weiter sie sich voneinander entfernen, um so tiefer rücken sie, Kurven beschreibend, bis sich die linke Hand, die den Bogen hält, bei ausgestrecktem Arm in Augenhöhe, die rechte Hand des gebeugten rechten Armes dagegen, welche die Sehne zieht, sich über dem rechten Schultergelenk befindet, so daß der beinahe einen Meter lange Pfeil mit seiner Spitze nur wenig über den äußeren Bogenrand hinausragt — so groß ist die Spannweite. In dieser Haltung hat nun der Schütze eine Weile zu verharren, bevor der Schuß gelöst werden darf. Der für diese ungewöhnliche Art des Spannens und des Haltens benötigte Kraftaufwand also brachte es mit sich, daß nach wenigen Augenblicken schon meine Hände zu zittern anfingen und der Atem schwer und schwerer ging. Auch im Laufe der nächsten Wochen änderte sich dies nicht. Das Spannen blieb eine harte Angelegenheit und wollte trotz eifrigem Üben nicht „geistig" werden. Zum Trost erfand ich mir den Gedanken, es müsse sich dabei um einen Kniff handeln, den der Meister aus irgendeinem Grunde nicht preisgebe, und setzte meinen Ehrgeiz darein, ihn zu entdecken.

Eigensinnig in meinen Vorsatz verbissen, übte ich weiter. Der Meister verfolgte aufmerksam meine Bemühungen, verbesserte gelassen meine gezwungene Haltung, lobte meinen Eifer, tadelte meinen Kraftaufwand, aber ließ mich gewähren. Nur rührte er, indem er mir das deutsche Wort „gelockert", das er unterdessen kennengelernt hatte, beim Spannen des Bogens zurief, immer wieder an die wunde Stelle, ohne die Geduld und die Höflichkeit zu verlieren. Aber der Tag kam, an dem ich es war, der die Geduld verlor, und es über mich brachte einzugestehen, daß ich auf die vorgeschriebene Weise den Bogen nun einmal nicht zu spannen vermöge.

„Sie können es deshalb nicht," klärte mich der Meister auf, „weil Sie nicht richtig atmen. Drücken Sie nach dem Einatmen den Atem sachte herunter, so daß sich die Bauchwand mäßig spannt und halten Sie ihn da für eine Weile fest. Dann atmen Sie möglichst langsam und gleichmäßig aus, um nach kurzer Pause mit einem raschen Zug wieder Luft zu schöpfen — in einem Aus und Ein fortan, dessen Rhythmus sich allmählich selbst bestimmen wird. Bei richtiger Ausführung werden Sie spüren, daß Ihnen das Bogenschießen von Tag zu Tag leichter fällt. Denn mit dieser Atmung entdecken Sie nicht nur den Ursprung aller geistigen Kraft, sondern erreichen auch, daß diese Quelle immer reichlicher fließt und um so leichter sich durch Ihre Gliedmaßen ergießt, je gelockerter Sie sind." Wie zum Beweise spannte er seinen starken Bogen und forderte mich auf, hinter ihn tretend, seine Armmuskeln abzutasten. Sie waren in der Tat so spannungsarm, als ob sie keine Arbeit zu leisten hätten.

Die neue Weise der Atmung wurde, zunächst ohne Bogen und Pfeil, so lange geübt, bis sie geläufig geworden war. Die leichte Benommenheit, die sich anfangs einstellte, ward rasch überwunden. Auf die möglichst langsame, dabei stetig dahinfließende und allmählich versiegende Ausatmung legte der Meister so großes Gewicht, daß er sie zur Einübung und Kontrolle mit einem Summton verbinden ließ. Und erst, wenn mit dem letzten Hauche auch der Ton erstorben war, durfte wieder Luft geschöpft werden. Das Einatmen, sagte der Meister einmal, bindet und verbindet, im Festhalten des Atems geschieht alles Rechte, und das Ausatmen löst und vollendet, indem es alle Beschränkung überwindet. Aber das konnten wir damals noch nicht verstehen.

Unverzüglich ging der Meister nun dazu über, die Atmung, die ja nicht um ihrer selbst willen geübt wird, in Beziehung zum Bogenschießen zu bringen. Der einheitliche Vorgang des Spannens und Schießens wurde in die Abschnitte: Ergreifen des Bogens — Auflegen des Pfeiles — Hochnehmen des Bogens — Spannen und Verweilen in der höchsten Spannung — Lösung des Schusses zerlegt. Jeder von ihnen wurde durch Einatmen eingeleitet, durch Festhalten des heruntergedrückten Atems getragen und durch Ausatmen abgeschlossen. Dabei ergab es sich von selbst, daß sich die Atmung einspielte und nicht nur die einzelnen Stellungen und Hantierungen bedeutsam akzentuierte, sondern auch in rhythmischer Gliederung miteinander verwob — bei einem jeden je nach dem Stande seines Atemkönnens. Trotz dieser Zerlegung in Teile mutete daher der Vorgang wie ein Geschehen an, das ganz aus sich und in sich lebt und nicht im entferntesten mit einer turnerischen Übung verglichen werden kann, der sich beliebig Stücke ansetzen oder wegnehmen lassen, ohne daß dadurch ihr Sinn und Charakter zerstört würde.

Ich kann an jene Tage nicht zurückdenken, ohne mich immer wieder daran erinnern zu müssen, wie schwer es mir im Anfang fiel, die Atmung sich auswirken zu lassen. Zwar atmete ich technisch richtig, aber wenn ich darauf achtete, daß beim Spannen des Bogens die Arm- und Schultermuskeln gelockert blieben, versteifte sich unwillkürlich die Muskulatur meiner Beine um so heftiger, wie wenn ich auf festen Halt und sicheren Stand angewiesen wäre und, Antaeus gleich, alle Kraft aus dem Boden zu saugen hätte. Dem Meister blieb vielfach nichts anderes übrig, als blitzschnell zuzugreifen und den einen oder anderen Beinmuskel an besonders empfindlicher Stelle schmerzhaft zu drücken. Als ich dabei einmal zu meiner Entschuldigung bemerkte, ich bemühte mich doch gewissenhaft darum, gelockert zu bleiben, erwiderte er: „Das ist es ja eben, daß Sie sich darum bemühen, daß Sie daran denken. Konzentrieren Sie sich ausschließlich auf die Atmung, als ob Sie gar nichts anderes zu tun hätten!" Es dauerte freilich noch eine geraume Weile, bis mir zu erfüllen gelang, was der Meister forderte. Aber es gelang. Ich lernte, mich so unbekümmert in die Atmung zu verlieren, daß ich zuweilen das Gefühl hatte, nicht selbst zu atmen, sondern, so seltsam dies auch klingen mag, geatmet zu werden. Und wenn ich mich auch in Stunden nachdenklicher Besinnung gegen diese abenteuerliche Vorstellung sträubte, konnte ich doch nicht länger mehr daran zweifeln, daß die Atmung hielt, was der Meister versprochen hatte. Dann und wann, und im Laufe der Zeit immer öfter, glückte es, bei völliger Gelockertheit des ganzen Körpers den Bogen zu spannen und bis zum Schluß in Spannung zu halten, ohne daß ich zu sagen vermöchte, wie es zuging. Der qualitative Unterschied zwischen diesen wenigen geglückten und den noch immer vielen mißglückten Versuchen war dabei so überzeugend, daß ich zuzugeben bereit war, nun endlich zu verstehen, was mit „geistigem" Spannen des Bogens gemeint sein müsse.

Das also war des Pudels Kern: kein technischer Kniff, hinter den zu kommen ich vergeblich versucht hatte, sondern befreiende und neue Möglichkeiten eröffnende Atmung. Ich spreche dies nicht unbedacht aus. Weiß ich doch, wie nahe in solchen Fällen die Versuchung kommt, starkem Einfluß zu erliegen und in Selbsttäuschung befangen die Tragweite einer Erfahrung nur deshalb zu überschätzen, weil sie so ungewöhnlich ist. Allem grübelnden Ausweichen und nüchterner Zurückhaltung zum Trotz aber sprach der durch die neue Atmung herbeigeführte Erfolg — denn im Laufe der Zeit vermochte ich selbst den starken Bogen des Meisters gelockert zu spannen — eine viel zu deutliche Sprache.

Bei einer ausführlichen Unterredung fragte ich einmal Herrn Komachiya, weshalb der Meister so lange zusah, wie vergeblich ich mich abmühte, den Bogen „geistig" zu spannen; weshalb er also nicht von Anfang an auf die rechte Atmung drang. „Ein großer Meister", erwiderte er, „muß zugleich ein großer Lehrer sein, dies gehört bei uns ganz selbstverständlich zusammen. Hätte er den Unterricht mit Atemübungen begonnen, so hätte er Sie nie davon zu überzeugen vermocht, daß Sie ihnen Entscheidendes verdanken. Sie mußten erst mit Ihren eigenen Versuchen Schiffbruch erleiden, bevor Sie bereit waren, den Rettungsring zu ergreifen, den er Ihnen zuwarf. Glauben Sie mir, ich weiß aus eigener Erfahrung, daß der Meister Sie und jeden seiner Schüler viel besser kennt, als wir uns selbst kennen. Er liest in den Seelen seiner Schüler mehr, als sie wahrhaben möchten."

NACH EINEM JAHR DEN BOGEN „geistig", das heißt machtvoll und doch mühelos spannen zu können, ist kein erschütterndes Ergebnis. Und doch gab ich mich damit zufrieden, fing ich doch an zu begreifen, weshalb man die in ein System gebrachte Selbstverteidigung, welche den Gegner dadurch zu Fall bringt, daß man seinem leidenschaftlich vorgetragenen Angriff unvermutet und ohne jeden Kraftaufwand elastisch nachgibt und so erreicht, daß sich seine Kraft gegen ihn selbst kehrt — weshalb man also diese Weise der Selbstverteidigung als „sanfte Kunst" bezeichnet und seit unvordenklichen Zeiten als ihr Urbild das ausweichende und doch niemals weichende Wasser ansieht, so daß Laotse tiefsinnig sagen kann, das rechte Leben gleiche dem Wasser, welches zu allem passend sich allem anpaßt. Hinzu kam, daß in der Schule des Meisters das Wort umging: wer sich am Anfang leicht tut, tut sich später um so schwerer. Mir war der Anfang reichlich schwer gefallen. Hatte ich daher nicht die Aussicht, angesichts alles dessen, was mir bevorstand und dessen Schwierigkeit ich dunkel ahnte, zuversichtlich sein zu dürfen?

Als nächstes kam das Lösen des Schusses an die Reihe. Bisher durften wir es aufs Geratewohl vollziehen. Es stand, gleichsam eingeklammert, am Rande der Übungen. Und was mit dem Pfeile geschah, war noch gleichgültiger gewesen. Wenn er nur in die Walze aus gepreßtem Stroh, welche Zielscheibe und Sandaufschüttung zugleich vertrat, eindrang, war dem Erforderlichen schon Genüge getan. Sie zu treffen ist kein Kunststück, da man ihr in einer Entfernung von höchstens zwei Metern gegenübersteht.

Ich hatte also bisher die Bogensehne einfach losgelassen, wenn das Verweilen in der höchsten Spannung unerträglich geworden war, wenn ich fühlte, daß ich nachgeben mußte, sollten die auseinanderstrebenden Hände nicht zusammengezogen werden. Dabei ist die Spannung nicht etwa schmerzhaft. Ein Lederhandschuh mit versteiftem und dickgepolstertem Daumen sorgt dafür, daß der Druck der Sehne auch auf die Dauer nicht als lästig empfunden und somit das Verweilen in der höchsten Spannung nicht vorzeitig abgekürzt wird. Beim Spannen wird der Daumen unterhalb des Pfeiles um die Bogensehne herumgelegt und eingeschlagen, Zeige-, Mittel- und Ringfinger greifen über ihn, umschließen ihn fest und geben damit zugleich dem Pfeil sicheren Halt. Lösen des Schusses heißt dann: Die den Daumen umschließenden Finger öffnen sich und geben ihn frei. Durch den gewaltigen Zug der Sehne wird er aus seiner Lage gerissen, gestreckt, und die Sehne schwirrt, der Pfeil schnellt los. Hatte ich bisher den Schuß gelöst, so war dies nie ohne kräftigen Ruck abgegangen, der sich in spürbarer und sichtbarer Erschütterung des ganzen Körpers auswirkte und in sie auch Bogen und Pfeil einbezog. Daß es so zu keinem glatten und vor allem zu keinem sicheren Schuß kommen konnte, versteht sich von selbst. Er mußte zwangsläufig verwackelt werden.

„Alles, was Sie bisher erlernt haben," sagte der Meister eines Tages, als er an meiner Art, den Bogen gelockert zu spannen, nichts mehr auszusetzen fand, „war nur Vorbereitung für das Lösen des Schusses. Wir stehen somit jetzt vor einer neuen, besonders schwierigen Aufgabe und kommen zugleich auf eine neue Stufe der Kunst des Bogenschießens." Nach diesen Worten ergriff er seinen Bogen, spannte und schoß. Erst jetzt, eigens darauf hingewiesen, entging mir nicht mehr, daß die rechte Hand des Meisters, plötzlich geöffnet und von der Spannung befreit, zwar ruckartig zurückschnellte, aber nicht die geringste Erschütterung des Körpers hervorrief. Der rechte Arm, der vor dem Schuß einen spitzen Winkel bildete, wurde zwar aufgerissen, lief aber sanft in die Streckung aus. Der unvermeidliche Ruck war also elastisch abgefangen und ausgeglichen.

Wenn sich die Gewalt des Abschusses weder in dem scharfen Schlag der aufprallenden Bogensehne noch in der Durchschlagskraft des Pfeiles verriete, würde man sie hinter dem Vorgang des Abschießens nie vermuten. Beim Meister wenigstens sah das Lösen des Schusses so einfach und anspruchslos aus, als sei es ein bloßes Spiel.

Die Mühelosigkeit eines kraftvollen Geschehens ist zweifellos ein Anblick, für dessen Schönheit gerade der Ostasiate überaus empfänglich und dankbar ist. Mir indessen schien — und auf der Stufe, auf der ich damals stand, konnte mir nichts anderes einleuchten — der Umstand noch wichtiger zu sein, daß von dem glatten Lösen des Schusses die Sicherheit des Treffens abhänge. Vom Gewehrschießen her wußte ich, wie viel es ausmacht, durch Zucken von der Visierlinie auch nur im mindesten abzukommen. Alles bisher Gelernte und Geleistete wurde mir nur unter diesem Gesichtspunkt verständlich: Gelockertheit beim Spannen, gelockertes Verweilen in der höchsten Spannung, gelockertes Lösen des Schusses, gelockertes Abfangen der ruckartigen Erschütterung — stand nicht dies alles im Dienste der Treffsicherheit und folglich des Zweckes, um dessentwillen mit so viel

Mühe und Geduld das Bogenschießen erlernt wird? Weshalb hatte dann aber der Meister so gesprochen, als handle es sich nunmehr um einen Vorgang, der über alles bisher Geübte und Übliche weit hinausliege?

Wie dem auch immer sei, ich übte nach den Anordnungen des Meisters fleißig und gewissenhaft, und doch war alle Mühe vergebens. Es kam mir oft so vor, als hätte ich früher, solange ich noch unbefangen den Schuß auf gut Glück löste, besser geschossen. Vor allem bemerkte ich jetzt, daß das Öffnen der rechten Hand, zunächst der über den Daumen gepreßten Finger, nicht ohne Anstrengung gelang. Die Folge war ein Ruck im Augenblick des Abschusses, der den Schuß verwackelte. Und noch weniger war ich dazu imstande, den Ruck der plötzlich befreiten Hand federnd abzufangen. Der Meister führte das rechte Lösen des Schusses unentwegt vor; unentwegt versuchte ich es ihm gleich zu tun — mit dem einzigen Erfolg, daß ich nur noch unsicherer wurde. Es schien mir wie dem Tausendfüßler zu gehen, der sich nicht mehr zu bewegen vermochte, seit er sich den Kopf darüber zerbrochen hatte, in welcher Reihenfolge er seine Füße rege.

Über mein Versagen war der Meister offenbar weniger entsetzt als ich selbst. Wußte er aus Erfahrung, daß es dahin kommen würde? „Denken Sie nicht an das, was Sie zu tun haben, überlegen Sie nicht, wie es auszuführen sei!" rief er mir zu. „Der Schuß wird ja nur dann glatt, wenn er den Schützen selbst überrascht. Es muß sein, wie wenn die Bogensehne den Daumen, der sie festhält, jählings durchschnitte. Sie dürfen also die rechte Hand nicht absichtlich öffnen!“

Es folgten Wochen und Monate fruchtlosen Übens. Aus der Weise des meisterlichen Schießens konnte ich immer wieder den Maßstab entnehmen, das Wesen des rechten Schusses erschauen. Nur gelang mir kein einziger. Gab ich, vergebens auf den Schuß wartend, der Spannung nach, weil sie unerträglich zu werden anfing, so wurden meine Hände langsam einander genähert, und es kam überhaupt zu keinem Schuß. Widerstand ich ihr verbissen bis zu erschöpfender Atemnot, so ging dies nicht anders als dadurch, daß ich die Arm- und Schultermuskeln zu Hilfe rief. Ich stand dann zwar unbeweglich da — wie eine Statue, spottete der Meister —, aber verkrampft und die Gelockertheit war verschwunden.

Vielleicht war es Zufall, vielleicht vom Meister absichtlich herbeigeführt, daß wir uns eines Tages zu einer Tasse Tee zusammenfanden. Ich ergriff die erwünschte Gelegenheit zu einer Aussprache und schüttete mein Herz aus.

„Ich verstehe wohl,“ sagte ich, „daß die Hand nicht ruckartig geöffnet werden darf, soll der Abschuß nicht verdorben werden. Aber wie ich es auch anstelle, immer ist es verkehrt. Schließe ich die Hand so fest wie möglich, ist das Rütteln beim Öffnen unvermeidlich. Bemühe ich mich dagegen, sie locker zu lassen, wird die Bogensehne, noch bevor die volle

Spannweite erreicht ist, zwar unversehens, aber dennoch zu früh, herausgerissen. Zwischen diesen beiden Weisen des Versagens bewege ich mich hin und her und finde keinen Ausweg."

„Sie müssen", erwiderte der Meister, „die gespannte Bogensehne etwa so halten wie ein kleines Kind den dargebotenen Finger. Es hält ihn so fest umschlossen, daß man sich über die Kraft der winzigen Faust immer wieder wundert. Und wenn es den Finger losläßt, geschieht es ohne den leisesten Ruck. Wissen Sie weshalb? Weil das Kind nicht denkt — etwa so: jetzt lasse ich den Finger los, um dies andere Ding da zu ergreifen. Völlig unüberlegt und unabsichtlich vielmehr wendet es sich vom einen zum anderen, und man müßte sagen, daß es mit den Dingen spiele, wenn nicht ebenso zuträfe, daß die Dinge mit dem Kinde spielen."

„Vielleicht verstehe ich, was Sie mit diesem Vergleich andeuten wollen," bemerkte ich. „Aber befinde ich mich nicht in einer völlig anderen Situation? Wenn ich den Bogen gespannt habe, kommt der Augenblick, in dem ich fühle: wenn der Schuß nicht sofort fällt, kann ich die Spannung nicht mehr aushalten. Und was geschieht nun unversehens? Einzig und allein dies, daß mich Atemnot überfällt. Ich muß also selbst den Schuß lösen, gehe es wie es wolle, weil ich nicht länger auf ihn warten kann."

„Sie haben nur zu gut beschrieben", erwiderte der Meister, „wo für Sie die Schwierigkeit liegt. Wissen Sie, weshalb Sie auf den Abschuß nicht warten können und weshalb der Atem in Not gerät, bevor er gefallen ist? Der rechte Schuß im rechten Augenblick bleibt aus, weil Sie nicht von sich selbst loskommen. Sie spannen sich nicht auf die Erfüllung hin, sondern warten auf Ihr Versagen. Solange dem so ist, bleibt Ihnen keine andere Wahl, als ein von Ihnen unabhängiges Geschehen selbst hervorzurufen, und solange Sie es hervorrufen, öffnet sich Ihre Hand nicht in der rechten Weise — wie die Hand eines Kindes; sie platzt nicht auf, wie die Schale einer reifen Frucht."

Ich mußte dem Meister eingestehen, daß diese Deutung mich noch mehr verwirrte. „Denn schließlich", gab ich zu bedenken, „spanne ich den Bogen und löse ich den Schuß, um das Ziel zu treffen. Das Spannen ist also Mittel zum Zweck. Und diese Beziehung kann ich nicht aus dem Auge verlieren. Das Kind kennt sie noch nicht, ich aber kann sie nicht mehr ausschalten."

„Die rechte Kunst", rief da der Meister aus, „ist zwecklos, absichtslos! Je hartnäckiger Sie dabei bleiben, das Abschießen des Pfeiles erlernen zu wollen, damit Sie das Ziel sicher treffen, um so weniger wird das eine gelingen, um so ferner das andere rücken. Es steht Ihnen im Wege, daß Sie einen viel zu willigen Willen haben. Was Sie nicht tun, das, meinen Sie, geschehe nicht."

„Aber Sie selbst haben doch oft genug gesagt", warf ich ein, „Bogenschießen sei kein Zeitvertreib, kein zweckloses Spiel, sondern eine Angelegenheit auf Leben und Tod."

„Dabei bleibe ich durchaus. Wir Bogenmeister sagen: Ein Schuß — ein Leben! Was dies bedeutet, können Sie jetzt noch nicht verstehen, aber vielleicht hilft Ihnen ein anderes Bild, welches dieselbe Erfahrung ausdrückt. Wir Bogenmeister sagen: mit dem oberen Ende des Bogens durchstößt der Bogenschütze den Himmel, am unteren Ende hängt, mit einem Seidenfaden befestigt, die Erde. Wird der Schuß mit starkem Ruck gelöst, besteht die Gefahr, daß der Faden zerreißt. Für den Absichtlichen und Gewalttätigen wird dann die Kluft endgültig, und der Mensch verbleibt in der heillosen Mitte zwischen Himmel und Erde."

„Was habe ich also zu tun?" fragte ich nachdenklich.

„Sie müssen das rechte Warten erlernen."

„Und wie erlernt man das?"

„Indem Sie loskommen von sich selbst, so entschieden sich selbst und all das Ihre hinter sich lassen, daß von Ihnen nichts mehr übrigbleibt als das absichtslose Gespanntsein."

„Ich soll also mit Absicht absichtslos werden", entfuhr es mir.

„So hat mich noch kein Schüler gefragt, und ich weiß daher die rechte Antwort nicht."

„Und wann beginnen wir mit diesen neuen Übungen?"

„Warten Sie, bis es an der Zeit ist!"

ES VERSTEHT SICH VON SELBST, daß mich dieses Gespräch — das erste ausführliche Gespräch seit Beginn des Unterrichts — außerordentlich betroffen gemacht hat. Jetzt endlich wurde das Thema berührt, um dessentwillen ich mir das Bogenschießen zu erlernen vorgenommen hatte. Lag nicht diese Loslösung von sich selbst, von welcher der Meister gesprochen hatte, auf dem Wege zur Leere und Abgeschiedenheit? War ich somit nicht an die Stelle gekommen, an welcher der Einfluß des Zen auf die Kunst des Bogenschießens fühlbar zu werden begann? In welcher Beziehung das absichtslose Wartenkönnen zum Lösen des Schusses im rechten Augenblick, in dem die Spannung erfüllt ist, stehen könnte, vermochte ich freilich vorläufig nicht zu deuten. Aber wozu auch in Gedanken vorwegnehmen wollen, was nur Erfahrung lehren kann? War es nicht höchste Zeit, diesen unfruchtbaren Hang abzulegen? Wie oft schon hatte ich im stillen die vielen Schüler des Meisters beneidet, die sich wie Kinder von ihm bei der Hand nehmen und führen ließen. Wie beglückend muß es sein, dies ohne Vorbehalt tun zu können. Zu Gleichgültigkeit und geistiger Lähmung braucht dies Verhalten nicht zu führen. Dürfen Kinder nicht wenigstens — viel fragen?

In der nächsten Unterrichtsstunde setzte der Meister die bisherigen Übungen — Spannen des Bogens, Verweilen in der höchsten Spannung, Lösen des Schusses — zu meiner Enttäuschung fort. Aber all sein gutes Zureden half nichts. Zwar versuchte ich, seiner Anweisung entsprechend, der Spannung nicht nachzugeben, sondern über sie hinauszustreben, wie wenn ihr durch die Natur des Bogens keine Grenzen gesetzt seien; zwar bemühte ich mich zu warten, bis sich die Spannung im Schuß zugleich erfülle und löse, aber dennoch mißriet jeder Schuß: herbeigewünscht, herbeigeführt, verwackelt. Erst als es dahin gekommen war, daß die Fortsetzung dieser Übungen nicht nur unfruchtbar, sondern gefährlich zu werden drohte, weil sie immer mehr mit dem Vorgefühl des Mißlingens belastet war, brach der Meister ab, um eine völlig neue Reihe zu beginnen.

„Wenn Sie in Zukunft zum Unterricht kommen“, ermahnte er uns, „müssen Sie sich schon unterwegs sammeln. Stellen Sie sich auf das ein, was hier im Übungsraum geschieht! Gehen Sie an allem, ohne es zu beachten, vorüber, als gäbe es in der Welt nur eines, das wichtig und wirklich ist, nämlich das Bogenschießen!“

Auch den Weg der Loslösung von sich selbst zerlegte der Meister in einzelne Abschnitte, die sorgsam durchgeübt werden mußten. Und auch hier begnügte er sich mit kurzen Andeutungen. Reicht es doch für die Ausführung dieser Übungen aus, wenn der Übende versteht, ja streckenweise sogar nur ahnt, was von ihm verlangt wird. Es besteht daher kein Bedürfnis, die althergebrachten bildhaften Unterscheidungen begrifflich scharf zu fassen. Und wer weiß, ob sie, aus jahrhundertealter Praxis geboren, in mancher Hinsicht nicht tiefer sehen, als alles noch so sorgfältig abgewogene Wissen. Der erste Schritt auf diesem Wege ist vordem schon getan worden. Er hat zu körperlicher Gelokkertheit geführt, ohne welche sich das rechte Spannen des Bogens nicht ergibt. Damit die rechte Lösung des Schusses gelinge, muß die körperliche Gelockertheit nunmehr in seelisch-geistiger Lockerung fortgeführt werden zu dem Ende, den Geist nicht nur beweglich, sondern frei zu machen: beweglich um der Freiheit willen, frei um ursprünglicher Beweglichkeit willen; und diese ursprüngliche Beweglichkeit ist von alledem, was man sonst unter geistiger Beweglichkeit zu verstehen pflegt, wesenhaft verschieden. So liegt zwischen den beiden Zuständen körperlicher Gelockertheit einerseits, geistiger Freiheit andererseits ein Niveauunterschied, der nicht mehr durch die Atmung allein, sondern nur durch ein Sich-zurücknehmen aus allen wie auch immer gearteten Bindungen, durch ein Ichlos-werden von Grund aus, überwunden werden kann: so daß die Seele, in sich selbst versunken, in der Vollmacht ihres namenlosen Ursprungs steht.

Der Forderung, zunächst das Tor der Sinne zu schließen, wird nicht durch energisches Sichabwenden genügt, vielmehr durch die Bereitwilligkeit, widerstandslos auszuweichen. Damit aber dieses nicht-handelnde Verhalten instinktiv gelinge, bedarf die Seele eines inneren Haltes, und sie gewinnt ihn durch Konzentration auf die Atmung. Sie wird bewußt und geradezu pedantisch gewissenhaft vollzogen. Das Atemholen wie das Ausatmen wird je und je für sich genommen und sorgfältig ausgeführt. Der Erfolg dieser Übung läßt nicht zu lange auf sich warten. Je intensiver die Konzentration auf die Atmung ausfällt, um so mehr verblassen äußere Reize. Sie versinken in einem verschwommenen Rauschen, dem man zunächst nur noch mit halbem Ohr zuhört, um es am Ende so wenig mehr als störend zu empfinden wie etwa das Meeresrauschen, das man, hat man sich einmal daran gewöhnt, kaum mehr vernimmt. Im Laufe der Zeit wird man selbst gegen beträchtliche Reize immun, und zugleich stellt sich die Unabhängigkeit von ihnen immer leichter und rascher ein. Man hat nur darauf zu achten, daß der Körper im Stehen, Sitzen oder Liegen möglichst gelockert sei, und konzentriert man sich dann auf die Atmung, so fühlt man sich bald wie durch undurchlässige Hüllen isoliert.

Nur daß man atme, weiß und fühlt man noch. Von diesem Gefühl und Wissen sich loszulösen, ist kein frischer Entschluß nötig, denn ganz von selbst verlangsamt sich die Atmung, wird im Verbrauch von Atem immer sparsamer und entzieht zuletzt, in gleitenden Über-

gängen sich verwischend und eintönig geworden, der Aufmerksamkeit jeglichen Halt.
Dieser schöne Zustand des unbetroffenen In-sich-weilens ist fürs erste leider nicht von Dauer. Er droht von innen her zerstört zu werden. Wie aus dem Nichts entspringend, tauchen unversehens Stimmungen, Gefühle, Wünsche, Sorgen, ja sogar Gedanken in sinnloser Mischung auf, und je entlegener und befremdender sie sind und je weniger sie mit dem zu tun haben, wofür man die Bewußtheit aufs Spiel setzt, um so hartnäckiger hängen sie sich ein. Es ist, wie wenn sie sich dafür rächen wollten, daß die Konzentration Bereiche anrührt, die sie sonst nicht erreicht. Allein auch hier gelingt es, diese Störung dadurch unwirksam zu machen, daß man, ruhig und unbekümmert fortatmend, sich mit dem, was zum Vorschein kommt, freundlich einläßt, sich daran gewöhnt, ihm gleichmütig zuzusehen lernt und des Zusehens endlich müde wird. So gelangt man allmählich in einen Zustand, der dem gelösten Hindämmern unmittelbar vor dem Einschlafen gleicht.
In ihn endgültig zu entgleiten, ist die Gefahr, der ausgewichen werden muß. Man begegnet ihr durch einen eigenartigen Sprung der Konzentration, dem Ruck vielleicht vergleichbar, den ein Übernächtigter sich gibt, der weiß, daß von der Wachheit aller seiner Sinne sein Leben abhängt; und wenn dieser Sprung ein einziges Mal gelungen ist, läßt er sich mit Sicherheit wiederholen. Durch ihn wird die Seele wie von

selbst in ein unbekümmertes In-sich-selbst-schwingen überführt, das, steigerungsfähig, sich geradezu zu dem sonst nur noch in seltenen Träumen erfahrenen Gefühl unerhörter Leichtigkeit und der beglückenden Gewißheit potenziert, nach jeder beliebigen Richtung hin Energien wachrufen, in abgestufter Anpassung Spannungen steigern und lösen zu können.

Dieser Zustand, in dem nichts Bestimmtes mehr gedacht, geplant, erstrebt, erwünscht, erwartet wird, der nach keiner besonderen Richtung zielt und dennoch aus unabgelenkter Kraftfülle sich zu Möglichem wie Unmöglichem geschickt weiß — dieser Zustand, der von Grund aus absichtslos und ichlos ist, wird vom Meister als eigentlich „geistig" bezeichnet. Er ist in der Tat mit geistiger Wachheit geladen und wird daher auch „rechte Geistesgegenwart" genannt. Der Geist, bedeutet dies, ist überall gegenwärtig, weil er nirgendwo, an keiner besonderen Stelle, haftet. Und er kann gegenwärtig bleiben, weil er, auch wenn er sich auf dieses oder jenes bezieht, daran nicht überlegend hängen und dadurch seine ursprüngliche Beweglichkeit einbüßen wird. Vergleichbar dem Wasser, das einen Teich füllt, aber jederzeit bereit ist abzufließen, kann er je und je in seiner unerschöpflichen Kraft wirken, weil er frei, und allem sich öffnend, weil er leer ist. Dieser Zustand ist recht eigentlich ein Urstand, und sein Sinnbild, ein leerer Kreis, schweigt den, der in ihm steht, nicht an.

Aus dieser durch keine noch so versteckte Absichtlichkeit gestörten Vollmacht seiner Geistesgegenwart muß daher der aus allen Bindungen Gelöste jegliche Kunst ausüben. Aber damit er sich selbstvergessen in das gestaltende Geschehen einfügen könne, muß die Ausübung der Kunst angebahnt werden. Denn sähe der in sich Versunkene sich einer Situation gegenübergestellt, in die er nicht instinktiv einspringen kann, so müßte er sie sich erst zu Bewußtsein bringen. Er träte somit in alle jene Beziehungen wieder ein, von denen er sich losgelöst hatte; er gliche einem Erwachten, der sein Tagesprogramm überdenkt, nicht aber einem Erweckten, der im Urstand lebt und aus ihm wirkt. Es käme ihm dann nie so vor, als ob sich ihm die einzelnen Glieder des Leistungsvorganges wie durch höhere Fügung in die Hände spielten; er erführe nie, wie rauschartig sich der Schwung eines Geschehens dem, der selbst nur ein Schwingen ist, mitzuteilen vermag, und wie alles, was er tut, getan ist, noch ehe er es weiß. Die geforderte Loslösung und Selbstbefreiung, die Verinnerlichung und Verdichtung des Lebens zu voller Geistesgegenwart wird daher, je mehr von ihr abhängt, desto weniger günstigen Anlagen oder gar dem Zufall überlassen, auch nicht auf gut Glück dem alle Kräfte beanspruchenden Prozeß des Gestaltens und damit zugleich der Zuversicht überantwortet, die erforderliche Konzentration stelle sich schon von selbst ein. Vor allem Tun und Leisten vielmehr, vor allem Sichhingeben und Sicheinfügen wird diese Geistesgegenwart hervorgerufen und durch Einübung sichergestellt. Jedoch von der Stunde an, in der es gelingt, ihrer nicht nur je und je habhaft zu werden, sondern sie in wenigen Augenblicken zu gewinnen, wird die Konzentration, wie vordem die Atmung, in Verbindung mit dem Bogenschießen gebracht. Das spielende Hingleiten in den Vorgang des Spannens des Bogens und der Lösung des Schusses wird dadurch angebahnt, daß sich der Schütze, der seitwärts kniend sich zu konzentrieren beginnt, durch feierliches Schreiten vor das Ziel bringt, nach tiefer Verneigung Bogen und Pfeil wie Weihegeschenke darbietet, dann den Pfeil auflegt, den Bogen hochnimmt, ihn spannt und in höchster geistiger Wachheit wartend verweilt. Nach der blitzartigen Lösung des Schusses und damit zugleich der Spannung verharrt der Schütze in der Stellung, die er unmittelbar nach dem Schuß einnimmt, so lange, bis er nach langgedehnter Ausatmung wieder Luft holen muß. Dann erst läßt er die Arme sinken, verneigt er sich vor dem Ziel und tritt, wenn er nicht mehrere Schüsse abgegeben hat, gelassen in den Hintergrund.

Das Bogenschießen ist damit zu einer Zeremonie geworden, welche die „Große Lehre" auslegt.

Auch wenn der Schüler in diesem Stadium noch nicht die Tragweite seiner Schüsse begreift, versteht er dennoch endgültig, weshalb Bogenschießen kein Sport, keine turnerische Übung sein kann. Er versteht, weshalb das technisch Erlernbare daran bis zum Überdruß gewissenhaft eingeübt werden muß. Wenn alles davon abhängt, daß man sich völlig selbstvergessen und absichtslos dem Geschehen einfüge, muß sich sein äußerer Vollzug wie von selbst abspielen, keiner lenkenden und kontrollierenden Überlegung bedürftig.

ZU DIESER BEDINGUNGSLOSEN Beherrschung der Formen erzieht in der Tat der japanische Unterricht. Einüben, Wiederholen und Wiederholung des Wiederholten sind in fortschreitender Steigerung auf weite Strecken hinaus seine Kennzeichen. Für alle traditionsgebundenen Künste wenigstens trifft dies zu. Vorführen, Vorbilden; Sicheinfühlen, Nachahmen — das ist die fundamentale Relation des Unterweisens, obgleich in den letzten Menschenaltern mit der Einführung neuer Unterrichtsfächer auch europäische Unterrichtsmethoden Fuß gefaßt haben und mit unleugbarem Verständnis gehandhabt werden. Woher kommt es, daß trotz aller anfänglichen Begeisterung für das Neue die japanischen Künste von diesen Unterrichtsformen im wesentlichen unbehelligt geblieben sind?
Eine Antwort auf diese Frage ist nicht leicht zu geben. Dennoch soll sie, wenn auch nur in groben Umrissen, in der Absicht versucht werden, den Stil der Unterweisung und damit den Sinn des Nachahmens noch schärfer zu beleuchten.

Der japanische Schüler bringt dreierlei mit: gute Erziehung, leidenschaftliche Liebe zu der von ihm gewählten Kunst und kritiklose Verehrung des Lehrers. Das Lehrer-Schüler-Verhältnis gehört seit altersher zu den grundlegenden Bindungen des Lebens und schließt daher hohe Verantwortung des Lehrers in sich ein, weit über den Rahmen seines Unterrichtsfaches hinaus.
Zunächst wird vom Schüler nichts anderes verlangt, als daß er gewissenhaft nachmacht, was der Lehrer vorführt. Langatmigen Belehrungen und Begründungen abhold, beschränkt dieser sich auf knappe Anweisungen und rechnet nicht damit, daß der Schüler Fragen stellt. Er sieht gelassen den tastenden Bemühungen zu, ohne Selbständigkeit und Unternehmungslust zu erhoffen und hat die Geduld, das Wachsen und Reifen abzuwarten. Beide haben Zeit, der Lehrer drängt nicht, und der Schüler greift nicht hastig aus.
Weit davon entfernt, in dem Schüler vorzeitig den Künstler wecken zu wollen, hält es der Lehrer für seine erste Aufgabe, aus ihm einen Könner zu machen, der das Handwerkliche souverän beherrscht. Dieser Absicht kommt der Schüler durch unermüdlichen Fleiß entgegen. Als stelle er keine höheren Ansprüche, läßt er sich wie in stumpfer Ergebenheit beladen, um erst im Laufe der Jahre die Erfahrung zu machen, daß Formen, die er vollkommen beherrscht, nicht mehr bedrücken, sondern befreien. Er wird von Tag zu Tag fähiger, allen

Eingebungen technisch mühelos folgen zu können, aber auch, sich aus gewissenhaftester Beobachtung Eingebungen zufließen zu lassen. Die Hand etwa, die den Pinsel führt, hat in demselben Augenblick, in dem der Geist zu formen beginnt, schon getroffen und vollbracht, was ihm vorschwebt, und am Ende weiß der Schüler nicht mehr, wer von beiden, ob der Geist oder die Hand, das Werk verantwortet.

Aber damit es dahin komme, daß Können also „geistig" werde, ist, wie in der Kunst des Bogenschießens, eine Konzentration aller körperlichen und seelischen Kräfte erforderlich, auf die, um es an neuen Beispielen zu zeigen, unter keinen Umständen verzichtet werden kann.

Ein Tuschemaler nimmt vor seinen Schülern Platz. Er prüft die Pinsel und legt sie bedächtig bereit, reibt sorgsam Tusche, rückt die lange schmale Papierbahn, die vor ihm auf der Matte liegt, zurecht, um dann endlich, nach längerem Verweilen in tiefer Konzentration, in der er wie unberührbar erscheint, aus raschen, unbedingt treffsicheren Strichen ein Bild entstehen zu lassen, das keiner Korrektur mehr fähig und bedürftig, den Schülern als Vorlage dient.

Ein Blumenmeister beginnt den Unterricht damit, daß er den Bast, der Blumen und Blütenzweige bündelt, behutsam löst und sorgfältig aufgerollt beiseite legt. Er mustert sodann die einzelnen Zweige, wählt in wiederholter Prüfung die besten aus, gibt ihnen durch achtsames Zurechtbiegen die Form, der sie je nach ihrer

Rolle entsprechen müssen, und stellt sie endlich in einer ausgesuchten Vase zusammen. Das vollendete Gebilde sieht so aus, als hätte der Meister erraten, was die Natur in dunkeln Träumen ahnt.

In diesen beiden Fällen, auf die ich mich beschränken möchte, verhalten sich die Meister so, als seien sie allein. Sie gönnen den Schülern kaum einen Blick, noch weniger ein Wort. Die vorbereitenden Hantierungen führen sie versonnen und geruhsam aus, in den Vorgang des Bildens und Gestaltens verlieren sie sich selbstvergessen, und beiden erscheint er, von den ersten einleitenden Verrichtungen ab bis zum vollendeten Werk, als ein in sich geschlossenes Geschehen. Es besitzt auch in der Tat so hohe Ausdruckskraft, daß es wie ein Bild auf den Beschauer wirkt.

Weshalb aber läßt der Lehrer die nun einmal unvermeidlichen, aber doch durchaus untergeordneten Vorarbeiten nicht etwa durch einen erfahrenen Schüler erledigen? Beflügelt es denn seine künstlerische Schau- und Gestaltungskraft, wenn er die Tusche selbst reibt, wenn er den Bast, anstatt ihn hastig aufzuschneiden und achtlos wegzuwerfen, so umständlich löst? Und was bewegt ihn dazu, in jeder Unterrichtsstunde mit derselben unerbittlichen Eindringlichkeit diesen Vorgang ohne jeden Abstrich geradezu pedantisch zu wiederholen und von den Schülern nachahmen zu lassen? Er hält deshalb an dem überlieferten Brauche fest, weil die Vorbereitungen zum Werk zugleich, wie er aus Erfahrung weiß, die Bedeutung haben, ihn auf sein künstlerisches Schaffen einzustellen. Er verdankt der besinnlichen Ruhe, in der er sie ausführt, jene entscheidende Lockerung und Ausgewogenheit aller seiner Kräfte, jene Sammlung und Geistesgegenwart, ohne welche kein rechtes Werk gelingt. Absichtslos in sein Tun versunken, wird er dem Augenblick entgegengeführt, in dem sich das Werk, das ihm in ideellen Linien vorschwebt, wie von selbst vollbringt. Wie beim Bogenschießen die Schritte und Stellungen, haben hier in abgewandelter Form andere Vorspiele denselben Sinn. Und nur da, wo dies nicht angeht, beim kultischen Tänzer etwa und dem Schauspieler, wird die Sammlung und Versenkung auf die Zeit vor ihrem Auftreten verlegt.

Auch bei diesen Beispielen also handelt es sich wie beim Bogenschießen, unverkennbar um Zeremonien. Deutlicher, als es der Lehrer mit Worten zu sagen vermöchte, entnimmt der Schüler aus ihnen, daß die rechte geistige Verfassung des Künstlers dann erreicht ist, wenn die Vorbereitung und das Schaffen, das Handwerkliche und das Künstlerische, das Materielle und das Geistige, das Zuständliche und das Gegenständliche fugenlos ineinander übergehen. Und damit hat er ein neues Thema der Nachahmung gefunden. Die Weisen der Konzentration, der selbstvergessenen Versunkenheit vollendet zu beherrschen, wird nunmehr von ihm verlangt. Die Nachahmung, nicht mehr auf objektive Gehalte bezogen, deren Abbildung noch jeder bei gutem Willen irgendwie gewachsen ist, wird jetzt gelöster, beweglicher, geistiger. Der Schüler sieht sich neuen Möglichkeiten gegenübergestellt, erfährt aber auch zugleich, daß ihre Verwirklichung nicht im mindesten mehr von seinem guten Willen abhängt.

Unter der Voraussetzung, daß seine Begabung die Steigerung besteht, erwartet den Schüler auf seinem Wege zur Künstlerschaft eine kaum zu umgehende Gefahr. Nicht die Gefahr, in eitlem Selbstgenuß sich zu verzehren — denn zu diesem Kult des eigenen Ich bringt der Ostasiate keinerlei Anlagen mit — als vielmehr die Gefahr, bei dem, was er kann und ist, was der Erfolg bestätigt und der Ruhm feiert, stehen zu bleiben. Sich also so zu verhalten, als ob die künstlerische Existenz eine eigene, aus sich geprägte und beglaubigte Form des Lebens wäre.

Der Lehrer sieht dies voraus. Behutsam und mit feinster Kunst der Seelenführung versucht er, rechtzeitig vorzubeugen und den Schüler von sich selbst loszulösen. Er erreicht es dadurch, daß er, unauffällig und als ob es nur nebenbei erwähnenswert sei, an die Erfahrung, die der Schüler schon gemacht haben muß, anknüpfend, darauf hinweist, daß alles rechte Schaffen nur im Zustand echter Selbstlosigkeit gelingt, in dem der Schaffende somit gar nicht mehr als „er selbst“ gegenwärtig sein kann. Nur der Geist ist gegenwärtig, eine Art von Wachheit, welche gerade nicht die Tönung des „Ich selbst“ aufweist und daher um so schran-

kenloser alle Weiten und Tiefen „mit Augen, die hören und mit Ohren, die sehen“ durchdringt.
So läßt der Lehrer den Schüler durch sich selbst hindurchgehen. Der Schüler aber wird mehr und mehr dafür empfänglich, sich durch den Lehrer etwas in Sicht bringen zu lassen, wovon er freilich schon oft gehört hat, dessen Realität aber erst jetzt auf dem Grunde eigener Erfahrungen für ihn greifbar zu werden beginnt. Es ist unwichtig, welche Namen der Lehrer dem, was er meint, beilegt, ja, ob er es überhaupt benennt. Der Schüler versteht ihn auch dann, wenn er sich darüber ausschweigt.
Aber damit wird eine entscheidende innere Bewegung eingeleitet. Der Lehrer verfolgt sie, und ohne ihren Verlauf durch fernere Belehrung, die nur stören würde, zu beeinflussen, hilft er dem Schüler auf die geheimste und innerlichste Weise, über die er verfügt: durch unmittelbarste Übertragung des Geistes, wie man sich in buddhistischen Kreisen ausdrückt. „Wie man mit einer brennenden Kerze andere anzündet“, so überträgt der Lehrer den Geist der rechten Kunst von Herz zu Herzen, damit sie licht werden. Wenn es dem Schüler beschieden sein sollte, er-innert er sich, daß wichtiger als alle noch so bestechenden äußeren Werke das innere Werk ist, welches er vollbringen muß, wenn er seine Bestimmung gerade als Künstler erfüllen soll.
Das innere Werk aber besteht darin, daß er als der Mensch, der er ist, als das Selbst, als das er

sich fühlt und immer wieder findet, zum Stoff einer Bildung und Formung wird, an deren Ende die Meisterschaft steht. In ihr treffen sich Künstlerschaft und Menschsein im umfänglichsten Sinne des Wortes als in einem Höheren. Denn Meisterschaft ist als Lebensform dadurch beglaubigt, daß sie aus der grenzenlosen Wahrheit lebt und, von ihr getragen, die Kunst des Ursprungs ist. Der Meister sucht nicht mehr, sondern findet. Er ist als Künstler ein priesterlicher Mensch, als Mensch ein Künstler, dem in all seinem Tun und Lassen, Schaffen und Schweigen, Sein und Nichtsein Buddha ins Herz sieht. Der Mensch, der Künstler, das Werk — das ist alles Eines. Die Kunst des inneren Werkes, das nicht wie das äußere vom Künstler abfällt, das er nicht machen, sondern immer nur sein kann, entspringt aus Tiefen, von denen der Tag nichts weiß.

Der Weg der Meisterschaft ist steil. Oft hält den Schüler nichts anderes mehr in Bewegung als der Glaube an den Lehrer, aus dem ihn jetzt erst die Meisterschaft anblickt: er lebt ihm das innere Werk vor und überzeugt durch nichts anderes als durch sein bloßes Dasein.

In diesem Stadium gewinnt die Nachahmung des Schülers ihren letzten und reifsten Sinn: sie führt zum Teilhaben am Geist der Meisterschaft durch Nachfolge.

Wie weit der Schüler kommen wird, entzieht sich der Sorge des Lehrers und Meisters. Er muß den Schüler, kaum hat er ihm den rechten Weg gewiesen, allein weitergehen lassen. Nur

Eines hat er noch zu tun, damit der Schüler die Einsamkeit bestehe: er löst ihn von sich selbst, vom Meister, los, indem er ihn herzlich ermahnt, weiter zu kommen als er selbst und „auf des Lehrers Schultern zu steigen".
Der Schüler, wohin ihn auch der Weg führen möge, kann seinen Lehrer wohl aus den Augen verlieren, aber nicht vergessen. In einer zu jedem Opfer bereiten Dankbarkeit, in die sich die kritiklose Verehrung des Anfängers, der rettende Glaube des Künstlers gewandelt hat, steht er für ihn ein. An unzähligen Beispielen bis in die jüngste Vergangenheit ließe sich darlegen, daß diese Dankbarkeit das Maß dessen, was sonst unter Menschen üblich ist, weit hinter sich läßt.

IN DIE ZUR ZEREMONIE ERHOBENE Auslegung der „Großen Lehre" des Bogenschießens glitt ich von Tag zu Tag leichter hinein und führte sie auch mühelos aus, oder, genauer gesagt, ich fühlte mich durch sie hindurchgeführt wie etwa durch einen Traum. Insofern bestätigte sich, was der Meister vorausgesagt hatte. Dennoch konnte ich es nicht verhindern, daß die in sich selbst verlaufende Konzentration immer nur bis zu dem Augenblick reichte, in dem der Schuß fallen sollte. Das wartende Verweilen in der höchsten Spannung wurde nicht etwa nur müde, so daß es an Spannkraft verlor, sondern so unerträglich, daß ich aus der Versunkenheit immer wieder herausgerissen wurde und meine Aufmerksamkeit auf die Erwirkung des Abschusses richten mußte. „Unterlassen Sie es doch, an den Abschuß zu denken“, rief der Meister aus. „So muß er mißlingen!“ „Ich kann nicht anders“, erwiderte ich, „die Spannung wird geradezu schmerzhaft.“

„Nur weil Sie nicht wahrhaft losgelöst von sich selbst sind, spüren Sie es. Dabei ist alles so einfach. Sie können von einem gewöhnlichen Bambusblatt lernen, worauf es ankommt. Durch die Last des Schnees wird es herabgedrückt, immer tiefer. Plötzlich rutscht die Schneelast ab, ohne daß das Blatt sich gerührt hätte. Verweilen Sie, ihm gleich, in der höchsten Spannung, bis der Schuß fällt. So ist es in der Tat: wenn die Spannung erfüllt ist, muß der Schuß fallen, er muß vom Schützen abfallen wie die Schneelast vom Bambusblatt, noch ehe er es gedacht hat.“

Trotz allem Lassen und Unterlassen gelang es mir nicht, unbekümmert zu warten, bis der Schuß fiel. Es blieb nach wie vor nichts anderes übrig, als ihn absichtlich zu lösen. Und dieses hartnäckige Versagen bedrückte mich um so mehr, als ich das dritte Unterrichtsjahr schon überschritten hatte. Ich will nicht leugnen, daß ich trübe Stunden durchmachte, in denen ich mir die Frage vorlegte, ob ich denn fernerhin den Zeitaufwand verantworten könne, der in keinem verständlichen Verhältnis mehr zu dem, was ich bisher erlernt und erfahren hatte, zu stehen schien. Die spöttische Bemerkung eines Landsmannes, es gebe in Japan doch wahrhaftig Wichtigeres einzuheimsen als ausgerechnet diese brotlose Kunst, fiel mir ein, und seine von mir damals abgewiesene Frage, was ich denn mit dieser Kunst und Wissenschaft später anfangen wolle, erschien mir auf einmal gar nicht mehr so unbedingt absurd.

Der Meister muß gefühlt haben, was in mir vorging. Er habe in jener Zeit, so berichtete mir später Herr Komachiya, eine japanische Einleitung in die Philosophie durchzuarbeiten versucht, um herauszufinden, wie er mir von einer mir vertrauten Seite her weiterhelfen könnte. Aber schließlich habe er dieses Buch unmutig und mit der Feststellung beiseite gelegt, er könne jetzt eher verstehen, daß es einem Menschen, der sich mit solchen Dingen beschäftige, überaus schwer fallen müsse, sich die Kunst des Bogenschießens anzueignen.

Über die Sommerferien gingen wir ans Meer, in die Einsamkeit einer durch sparsame Schönheit ausgezeichneten, still verträumten Landschaft. Unsere Bögen hatten wir als wichtigstes Gepäck mitgenommen. Mich beschäftigte tagaus tagein die Lösung des Schusses. Sie war wie zu einer fixen Idee geworden, über der ich die Anweisung des Meisters, wir sollten nichts anderes als loslösende Versenkung üben, mehr und mehr vergaß. Hin und her überlegend und alle Möglichkeiten überdenkend, kam ich zu dem Ergebnis, der Fehler könne nicht an der vom Meister beargwöhnten Stelle: an dem

Mangel an Absichtslosigkeit und Ichlosigkeit, sondern nur daran liegen, daß die Finger der rechten Hand den Daumen allzu fest umschlossen hielten. Je länger der Abschuß auf sich warten ließ, um so krampfhafter preßte ich sie unwillkürlich zusammen. An dieser Stelle glaubte ich einsetzen zu müssen. Bald hatte ich eine einfache und zugleich einleuchtende Lösung dieser Frage gefunden. Wenn ich, nachdem ich den Bogen gespannt hatte, die über den Daumen geschlagenen Finger behutsam und nur ganz allmählich streckte, kam der Augenblick, in dem der Daumen, durch sie nicht mehr festgehalten, wie von selbst aus seiner Lage gerissen wurde; so konnte es geschehen, daß sich der Schuß blitzartig löste und offenbar „abfiel wie die Schneelast vom Bambusblatt". Diese Entdeckung empfahl sich mir nicht zuletzt wegen ihrer bestechenden Verwandtschaft mit der Technik des Gewehrschießens. Da wird der Zeigefinger langsam und so lange gekrümmt, bis ein verschwindend leichter Druck die letzte Hemmung überwindet.
Ich konnte mich rasch davon überzeugen, daß ich auf dem rechten Weg sein müsse. Nahezu jeder Abschuß gelang auf diese Weise glatt und unversehens, wie mir vorkam. Nur freilich übersah ich nicht die Kehrseite dieses Gelingens: die Präzisionsarbeit der rechten Hand verlangte meine volle Aufmerksamkeit. Aber ich tröstete mich mit der Aussicht, daß diese technische Lösung allmählich so geläufig werden würde, daß sie keiner besonderen Beach-

tung mehr bedürfe, daß also der Tag kommen werde, an dem ich, gerade durch sie, in der Lage sei, selbstvergessen in der höchsten Spannung verweilend, den Schuß unbewußt zu lösen; daß also auch in diesem Falle das technische Können sich vergeistigen werde. In dieser Überzeugung immer zuversichtlicher geworden, beschwichtigte ich, was sich in mir dagegen regen wollte, überhörte auch die widerratenden Einwände meiner Frau und hatte endlich das beruhigende Gefühl, ein entscheidendes Stück vorwärts gekommen zu sein.

Gleich der erste Schuß, den ich nach Wiederbeginn des Unterrichts abgab, gelang nach meinem Dafürhalten ausgezeichnet. Glatt und unversehens löste er sich. Der Meister schaute mich eine Weile an und sagte dann, zögernd wie einer, der seinen eigenen Augen nicht recht traut: „Bitte, noch einmal!" Mein zweiter Schuß schien mir den ersten noch übertroffen zu haben. Da trat der Meister wortlos auf mich zu, nahm mir den Bogen aus der Hand und setzte sich, mit dem Rücken gegen mich, auf ein Kissen. Ich verstand, was dies zu bedeuten hatte, und ging.

Am Tage darauf teilte mir Herr Komachiya mit, der Meister lehne es ab, mich weiterhin zu unterrichten, weil ich versucht hätte, ihn zu hintergehen. Über diese Auslegung meines Verhaltens aufs äußerste bestürzt, setzte ich Herrn Komachiya auseinander, weshalb ich, um nicht immer nur auf der Stelle zu treten, auf diese Weise den Schuß zu lösen, verfallen sei. Der

Meister war auf seine Fürsprache hin endlich bereit, einzulenken, machte aber die Fortsetzung des Unterrichtes von meinem ausdrücklichen Versprechen abhängig, nie wieder gegen den Geist der „Großen Lehre" zu verstoßen.
Wenn mich nicht tiefe Beschämung geheilt hätte, hätte es das Verhalten des Meisters getan. Er erwähnte den Vorfall mit keinem Wort, sondern sagte nur ganz schlicht: „Sie sehen, was es auf sich hat, im Zustande der höchsten Spannung nicht absichtslos verweilen zu können. Sie können nicht einmal im Lernen verweilen, ohne sich immer wieder zu fragen: werde ich es auch schaffen? Warten Sie doch geduldig ab, was kommt und wie es kommt!"
Ich machte den Meister darauf aufmerksam, daß ich schon im vierten Unterrichtsjahr stehe, und daß mein Aufenthalt in Japan von begrenzter Dauer sei.
„Der Weg zum Ziel", erwiderte er, „ist nicht auszumessen, was bedeuten da Wochen, Monate, Jahre?"
„Aber wenn ich auf halbem Wege abbrechen muß?" fragte ich.
„Wenn Sie wahrhaft ichlos geworden sind, können Sie jederzeit abbrechen. Also üben Sie sich darin!"
Und so wurde wieder ganz von vorn angefangen, als sei alles bisher Erlernte unbrauchbar geworden. Aber das absichtslose Verweilen in der höchsten Spannung mißriet nach wir vor, wie wenn es unmöglich wäre, aus eingefahrenen Spuren herauszukommen.

Eines Tages fragte ich daher den Meister: „Wie kann denn überhaupt der Schuß gelöst werden, wenn ‚ich' es nicht tue?"
„‚Es' schießt", erwiderte er.
„Das habe ich schon einige Male von Ihnen gehört und muß daher anders fragen: wie kann ich denn selbstvergessen auf den Abschuß warten, wenn ‚ich' gar nicht mehr dabei sein soll?"
„‚Es' verweilt in höchster Spannung."
„Und wer oder was ist dieses ‚Es'?"
„Wenn Sie dies einmal verstehen, haben Sie mich nicht mehr nötig. Und wenn ich Ihnen auf die Spur helfen wollte, die eigene Erfahrung Ihnen ersparend, wäre ich der schlechteste aller Lehrer und verdiente, davongejagt zu werden. Also sprechen wir nicht mehr darüber, sondern üben wir!"
Wochen vergingen, ohne daß ich auch nur um einen Schritt weitergekommen wäre. Dafür stellte ich fest, daß mich dies nicht im geringsten berührte. War ich denn der ganzen Kunst müde geworden? Ob ich sie erlerne oder nicht; ob ich erfahre, was der Meister mit dem ‚Es' meint oder nicht; ob ich den Zugang zum Zen finde oder nicht — dies alles schien mir mit einem Male so fern gerückt, so gleichgültig geworden zu sein, daß es mich nicht mehr bekümmerte. Mehrmals nahm ich mir vor, mich dem Meister anzuvertrauen, aber wenn ich dann vor ihm stand, verließ mich der Mut; ich war überzeugt, von ihm doch nichts anderes zu hören zu bekommen als die abgeleierte Antwort: „Fragen Sie nicht, üben Sie!" Also ließ ich das Fra-

gen, und am liebsten hätte ich auch das Üben gelassen, wenn mich der Meister nicht so unerbittlich im Griff gehabt hätte. Ich lebte in den Tag hinein wie aus dem Tag heraus, erledigte, so gut es ging, meine berufliche Arbeit und nahm mir endlich nicht einmal mehr zu Herzen, daß mir alles das gleichgültig geworden war, worum ich mich Jahre hindurch standhaft bemüht hatte.

Da, eines Tages, nach einem Schuß, verbeugte sich der Meister tief und brach dann den Unterricht ab. „Soeben hat ‚Es' geschossen," rief er aus, als ich ihn fassungslos anstarrte. Und als ich endlich begriffen hatte, was er meinte, konnte ich die jäh aufbrechende Freude darüber nicht unterdrücken.

„Was ich gesagt habe," tadelte der Meister, „war kein Lob, nur eine Feststellung, die Sie nicht berühren darf. Ich habe mich auch nicht vor Ihnen verbeugt, denn Sie sind ganz unschuldig an diesem Schuß. Sie verweilten diesmal völlig selbstvergessen und absichtslos in höchster Spannung; da fiel der Schuß von Ihnen ab wie eine reife Frucht. Nun üben Sie weiter, wie wenn nichts geschehen wäre!"

Erst nach geraumer Zeit gelangen dann und wann wieder rechte Schüsse, die der Meister wortlos durch eine tiefe Verbeugung auszeichnete. Wie es vor sich ging, daß sie sich ohne mein Zutun wie von selbst lösten, wie es kam, daß meine fast geschlossene rechte Hand plötzlich geöffnet zurückschnellte, konnte ich weder damals noch kann ich es heute erklären. Die Tatsache steht fest, daß es so geschah, und dies allein ist wichtig. Aber wenigstens dahin kam ich allmählich, die rechten Schüsse von den mißlungenen selbständig unterscheiden zu können. Der qualitative Unterschied zwischen ihnen ist so groß, daß er nicht mehr übersehen werden kann, hat man ihn einmal erfahren. Äußerlich, für den Zuschauer, zeigt sich der rechte Schuß einerseits dadurch an, daß das ruckartige Zurückschnellen der rechten Hand abgefangen wird und daher keine Erschütterung des Körpers hervorruft. Andererseits entlädt sich nach mißlungenen Schüssen der gestaute Atem explosiv, und nicht rasch genug kann wieder Luft geholt werden. Nach richtigen Schüssen wird dagegen der Atem in mühelosem Gleiten entlassen, woraufhin die Einatmung ohne Hast Luft schöpft. Das Herz schlägt gleichmäßig ruhig weiter, und die ungestörte Konzentration gestattet ohne Verzug den Übergang zum nächsten Schuß. Innerlich aber, für den Schützen selbst, wirken sich rechte Schüsse derart aus, daß ihm zumute ist, als habe der Tag erst jetzt begonnen. Er fühlt sich nach ihnen zu allem rechten Tun und, was vielleicht noch wichtiger ist, zu allem rechten Nichtstun aufgelegt. Überaus köstlich ist dieser Zustand. Aber wer ihn hat, mahnt der Meister mit einem feinen Lächeln, tut gut daran, ihn so zu haben, als hätte er ihn nicht. Nur entschiedener Gleichmut besteht ihn so, daß er nicht zögert wiederzukommen.

NUN HABEN WIR DOCH WOHL das Schlimmste hinter uns", sagte ich zum Meister, als er eines Tages den Übergang zu neuen Übungen ankündigte. „Bei uns rät man", erwiderte er, „wer hundert Meilen zu laufen hat, solle neunzig als die Hälfte ansehen. Das Neue aber, um das es jetzt geht, ist der Schuß nach der Scheibe."
Bisher diente als Ziel und zugleich als Pfeilfang eine Strohwalze auf einem Holzgestell, der man in einer Entfernung von zwei Pfeillängen etwa gegenübersteht. Die Scheibe dagegen, in einer Entfernung von rund 60 Metern aufgestellt, ruht auf einer hohen und breitgelagerten Sandaufschüttung, die an drei Wände angelehnt und, wie die Halle, in welcher der Schütze steht, durch ein schöngeschwungenes Ziegeldach geschützt ist. Beide Hallen sind durch hohe Bretterwände miteinander verbunden und schließen nach außen hin den Raum ab, in dem so Seltsames geschieht.
Der Meister führte das Schießen nach der Scheibe vor. Seine beiden Pfeile trafen ins Schwarze. Dann forderte er uns auf, die Zeremonie genau wie bisher auszuführen und, ohne uns durch die Scheibe auch nur im geringsten beirren zu lassen, in höchster Spannung zu war-

ten, bis der Schuß gefallen sei. Unsere schlanken Bambuspfeile flogen zwar in der angegebenen Richtung, trafen aber zum Teil nicht einmal die Sandaufschüttung, noch weniger die Scheibe, sondern bohrten sich vor ihr in den Erdboden.

„Ihre Pfeile werden nicht ausgetragen," bemerkte der Meister, „weil sie geistig nicht weit genug reichen. Sie müssen sich so verhalten, als wäre das Ziel unendlich fern. Es ist für uns Bogenmeister eine bekannte und durch tägliche Erfahrungen bestätigte Tatsache, daß ein guter Schütze mit einem mittelstarken Bogen weiter schießt als ein geistloser Schütze mit dem stärksten Bogen. Es liegt also nicht am Bogen, sondern an der ‚Geistesgegenwart', an der Lebendigkeit und Wachheit, mit der Sie schießen. Um nun die höchste Spannung dieser geistigen Wachheit zu entfesseln, müssen Sie die Zeremonie anders durchführen als bisher: so etwa, wie ein rechter Tänzer tanzt. Wenn Sie dies tun, entspringen die Bewegungen Ihrer Gliedmaßen jener Mitte, in welcher die rechte Atmung geschieht. Es ist dann so, als ob Sie die Zeremonie, anstatt sie wie Auswendiggelerntes abzuwickeln, aus der Eingebung des Augenblicks schüfen, so daß Tanz und Tänzer ein und dasselbe sind. Indem Sie also die Zeremonie wie einen kultischen Tanz darstellen, erreicht Ihre geistige Wachheit die höchste Kraft."

Ich weiß nicht, wie weit es mir damals schon gelang, die Zeremonie zu „tanzen" und so von der Mitte her zu beleben. Ich schoß zwar nicht mehr zu kurz, aber die Scheibe zu treffen, blieb mir versagt. Dies veranlaßte mich, den Meister zu fragen, weshalb er uns denn bisher noch gar nicht erklärt habe, wie man zielt. Es muß doch, vermutete ich, einen Bezug geben zwischen Scheibe und Pfeilspitze etwa, und somit ein erprobtes Visieren, welches das Treffen ermöglicht.

„Selbstverständlich gibt es dies," erwiderte der Meister, „und Sie können die erforderliche Einstellung leicht selbst finden. Aber wenn Sie dann mit beinahe jedem Schuß die Scheibe treffen, sind Sie nichts anderes als ein Kunstschütze, der sich sehen lassen kann. Für den Ehrgeizigen, der seine Treffer zählt, ist die Scheibe ein armseliges Stück Papier, das er zerfetzt. Die ‚Große Lehre' des Bogenschießens hält dies für reine Teufelei. Sie weiß nichts von einer Scheibe, die in bestimmter Entfernung vom Schützen aufgestellt ist. Sie weiß nur von dem Ziel, das sich auf keine Weise technisch erzielen läßt, und dieses Ziel nennt sie, wenn sie es überhaupt nennt: Buddha." Nach diesen Worten, die er aussprach, als verständen sie sich von selbst, forderte uns der Meister auf, seine Augen beim Schießen genau zu beobachten. Sie waren wie bei der Durchführung der Zeremonie nahezu geschlossen, und so konnten wir nicht den Eindruck haben, als visiere er.

Fügsam übten wir und ließen es schießen, ohne zu zielen. Zunächst blieb ich völlig unbekümmert darum, wohin sich meine Pfeile verflogen. Selbst gelegentliche Treffer erregten mich nicht, wußte ich doch, daß sie mir nur so zufielen. Aber auf die Dauer war ich diesem Schießen ins Blaue doch nicht gewachsen. Ich fiel in die Versuchung zurück, mir Gedanken darüber zu machen. Der Meister tat, als entginge ihm meine Verwirrung, bis ich ihm eines Tages gestand, daß ich mich nicht zurechtfinde.

„Sie machen sich unnötige Sorgen," tröstete er mich, „schlagen Sie sich doch das Treffen aus dem Sinn! Sie können ein Bogenmeister werden, auch wenn nicht jeder Schuß trifft. Die Treffer auf der Scheibe dort sind nur äußere Proben und Bestätigung Ihrer aufs höchste gesteigerten Absichtslosigkeit, Ichlosigkeit, Versunkenheit, oder wie Sie sonst diesen Stand nennen wollen. Es gibt Stufen der Meisterschaft, und erst, wer die letzte erreicht hat, kann auch das äußere Ziel nicht mehr verfehlen."

„Das ist es ja gerade, was mir nicht eingehen will," erwiderte ich. „Ich glaube zu verstehen, was Sie mit dem eigentlichen, dem inneren Ziel meinen, das getroffen werden soll. Aber wie es zugehe, daß das äußere Ziel, die Papierscheibe, getroffen wird, ohne daß der Schütze gezielt hat, und daß somit die Treffer äußerlich bestätigen, was sich innerlich ereignet — diese Übereinstimmung ist mir unbegreiflich."

„Sie sind schlecht beraten," gab der Meister nach einer Weile zu bedenken, „wenn Sie meinen, ein auch nur halbwegs brauchbares Verstehen dieser dunklen Zusammenhänge könne Ihnen weiterhelfen. Es handelt sich hier um Vorgänge, an die der Verstand nicht heranreicht. Vergesesn Sie nicht, daß es schon in der Natur Übereinstimmungen gibt, die unbegreiflich sind, aber dennoch so wirklich, daß wir uns an sie gewöhnt haben, als könnten sie nicht anders sein. Ich will Ihnen ein Beispiel nennen, das mich schon oft beschäftigt hat: Die Spinne tanzt ihr Netz, ohne zu wissen, daß es Fliegen gibt, die sich darin fangen. Die Fliege, unbekümmert im Sonnenstrahl tanzend, verfängt sich im Netz, ohne zu wissen, was ihr bevorsteht. Durch beide hindurch aber tanzt ‚Es', und Inneres und Äußeres sind eins in diesem Tanz. So trifft der Schütze die Zielscheibe, ohne äußerlich gezielt zu haben — besser kann ich es Ihnen nicht sagen."

So viel mir auch dieser Vergleich zu denken gab, ohne daß ich ihn freilich hätte zu Ende denken können — irgend etwas in mir war dawider, mich beschwingt zu fühlen und unbekümmert weiterüben zu können. Ein Einwand, der im Laufe von Wochen immer bestimmtere Umrisse gewann, meldete sich zum Wort. Ich fragte daher: „Ist es nicht wenigstens denkbar, daß Sie, nach jahrzehntelangem Üben, unwillkürlich und mit geradezu nachtwandlerischer Sicherheit Bogen und Pfeil beim Spannen so in Anschlag bringen, daß Sie, ohne bewußtes Zielen, die Scheibe treffen, ja einfach treffen müssen?"

Der Meister, an mein lästiges Fragen längst gewöhnt, schüttelte den Kopf. „Ich will gar nicht in Abrede stellen", sagte er nach einer Weile besinnlichen Schweigens, „daß an dem, was Sie da sagen, etwas sein könnte. Stelle ich mich doch dem Ziel ‚gegenüber', so daß ich es erblicken muß, auch wenn ich mich nicht mit Absicht nach ihm richte. Aber andererseits weiß ich, daß dieses Erblicken nicht genügt, nicht entscheidet, nichts erklärt, denn ich sehe das Ziel, als sähe ich es nicht."

„Dann müßten Sie es auch mit verbundenen Augen treffen", entfuhr es mir.

Der Meister sah mich mit einem Blick an, der mich befürchten ließ, als habe ich ihn verletzt, und sagte dann, „Kommen Sie heute abend!"

Ich nahm ihm gegenüber auf einem Kissen Platz. Er reichte mir Tee, sprach aber kein Wort. So saßen wir eine lange Weile da. Nichts war zu hören als das singende Brodeln des kochenden Wassers über glühenden Kohlen. Endlich erhob sich der Meister und gab mir einen Wink, ihm zu folgen. Die Übungshalle war hell erleuchtet. Der Meister hieß mich eine Moskitokerze, lang und dünn wie eine Stricknadel, vor der Scheibe in den Sand zu stecken, das Licht im Scheibenstand jedoch nicht anzuknipsen. Es war so dunkel, daß ich nicht einmal dessen Umrisse wahrnehmen konnte, und wenn nicht das winzige Fünklein der Moskitokerze sich verraten hätte, hätte ich die Stelle, an welcher die Scheibe stand, vielleicht geahnt, aber nicht genau auszumachen vermocht. Der Meister „tanzte" die Zeremonie. Sein erster Pfeil schoß aus strahlender Helle in tiefe Nacht. Am Aufschlag erkannte ich, daß er die Scheibe getroffen habe. Auch der zweite Pfeil

traf. Als ich am Scheibenstand Licht gemacht hatte, entdeckte ich zu meiner Bestürzung, daß der erste Pfeil mitten im Schwarzen saß, während der zweite die Kerbe des ersten Pfeiles zersplittert und den Schaft ein Stück weit aufgeschlitzt hatte, bevor er sich neben ihm ins Schwarze bohrte. Ich wagte nicht, die Pfeile einzeln herauszuziehen, sondern brachte sie mitsamt der Scheibe zurück. Der Meister schaute sie prüfend an. „Der erste Schuß", sagte er dann, „sei kein Kunststück gewesen, werden Sie meinen, ich sei doch mit meinem Scheibenstand seit Jahrzehnten so vertraut, daß ich sogar bei tiefstem Dunkel wissen müsse, wo sich die Scheibe befindet. Das mag sein, und ich will mich nicht auszureden versuchen. Aber der zweite Pfeil, der den ersten traf — was halten Sie davon? Ich jedenfalls weiß, daß nicht ‚ich' es war, dem dieser Schuß angerechnet werden darf. ‚Es' hat geschossen und hat getroffen. Verneigen wir uns vor dem Ziel als vor Buddha!"
Mit seinen beiden Pfeilen hatte der Meister offenbar auch mich getroffen. Wie wenn ich über Nacht verwandelt worden wäre, kam ich nicht mehr in die Versuchung, mich um meine Pfeile und das, was mit ihnen geschah, zu kümmern. Der Meister bestärkte mich in dieser Haltung noch überdies dadurch, daß er nie nach der Scheibe sah, sondern lediglich den Schützen im Auge behielt, als ob er von ihm am zuverlässigsten ablesen könne, wie der Schuß ausgefallen sei. Auf Befragen gab er dies auch un-

umwunden zu, und ich konnte nur immer wieder von neuem feststellen, daß die Treffsicherheit seiner Beurteilung von Schüssen der Treffsicherheit seiner Pfeile in nichts nachstand. So übertrug er, selbst aufs tiefste konzentriert, den Geist seiner Kunst auf die Schüler, und ich scheue mich nicht, aus eigenster, lange genug bezweifelter Erfahrung zu bestätigen, daß die Rede von einer unmittelbaren Mitteilung keine bloße Redensart, sondern ein Vorgang von spürbarer Realität ist. Noch eine andere Art von Hilfe, die er ebenfalls als unmittelbare Geistesübertragung bezeichnete, leistete der Meister in jener Zeit. Wenn ich fortgesetzt schlecht schoß, gab er mit meinem Bogen einige Schüsse ab. Die Besserung war auffällig; es war, wie wenn der Bogen sich anders als zuvor spannen ließe, williger, verständiger. Nicht nur mir erging es so. Selbst seine ältesten und erfahrensten Schüler, Männer der verschiedensten Berufe, hielten dies für ausgemacht und wunderten sich darüber, daß ich fragte wie einer, der ganz sicher gehen möchte. Ähnlich lassen sich auch Schwertmeister in ihrer Überzeugung, jedes mit unendlicher Sorgfalt in mühevoller Arbeit hergestellte Schwert nehme den Geist des Schwertschmiedes an, der sich daher auch in kultischer Gewandung ans Werk macht, durch keinen Einwand beirren. Ihre Erfahrungen sind viel zu eindeutig, und sie selbst sind viel zu erfahren, als daß sie nicht vernehmen könnten, wie ein Schwert sie anspricht.

Eines Tages rief der Meister in dem Augenblick, in dem mein Schuß sich löste: „Es ist da! Verneigen Sie sich!“ Als ich später nach der Scheibe sah — ich konnte es leider nicht unterlassen — bemerkte ich, daß der Pfeil sie nur am Rande gestreift hatte. „Dies war ein rechter Schuß“, entschied der Meister, „und so muß es anfangen. Aber damit genug für heute, sonst geben Sie sich beim nächsten Schuß besondere Mühe und verderben den guten Anfang.“ Im Laufe der Zeit gelangen zuweilen mehrere Schüsse nacheinander, welche die Scheibe trafen, neben freilich noch immer vielen mißratenen. Aber wenn ich nur im geringsten Miene machte, mir etwas darauf einzubilden, faßte mich der Meister ungewöhnlich schroff an. „Was fällt Ihnen denn ein?“ rief er dann. „Über schlechte Schüsse sollen Sie sich nicht ärgern, das wissen Sie schon längst. Fügen Sie hinzu, sich über gute Schüsse nicht zu freuen. Von dem Hin und Her zwischen Lust und Unlust müssen Sie sich lösen. Sie müssen lernen, in gelockertem Gleichmut darüber zu stehen, sich also so zu freuen, wie wenn ein anderer und nicht Sie gut geschossen hätte. Auch hierin müssen Sie sich unermüdlich üben — Sie können gar nicht ermessen, wie wichtig dies ist.“

Ich habe in diesen Wochen und Monaten die härteste Schule meines Lebens durchgemacht, und wenn es mir auch nicht immer leichtfiel, mich einzufügen, lernte ich doch allmählich einsehen, wie viel ich ihr zu verdanken habe. Sie vernichtete die letzten Regungen des Dranges, mich mit mir selbst und den Schwankungen

meines Zumuteseins zu beschäftigen. „Verstehen Sie jetzt“, fragte mich einmal der Meister nach einem besonders guten Schuß, „was es bedeutet: ‚Es‘ schießt, ‚Es‘ trifft?“
„Ich fürchte“, erwiderte ich, „daß ich überhaupt nichts mehr verstehe, selbst das Einfachste wird verwirrt. Bin ich es, der den Bogen spannt, oder ist es der Bogen, der mich in höchste Spannung zieht? Bin ich es, der das Ziel trifft, oder trifft das Ziel mich? Ist das ‚Es‘ in den Augen des Körpers geistig und in den Augen des Geistes körperlich — ist es beides oder keines von beiden? Dies alles: Bogen, Pfeil, Ziel und Ich verschlingen sich ineinander, daß ich sie nicht mehr trennen kann. Und selbst das Bedürfnis, zu trennen, ist verschwunden. Denn sobald ich den Bogen zur Hand nehme und schieße, ist alles so klar und eindeutig und so lächerlich einfach ...“
„Jetzt eben“, unterbrach mich da der Meister, „ist die Bogensehne mitten durch Sie hindurchgegangen.“

ÜBER FÜNF JAHRE WAREN SEITher verflossen, da schlug uns der Meister vor, eine Prüfung abzulegen. „Es kommt dabei“, so erklärte er, „nicht bloß darauf an, daß Sie Ihr Können vorführen, sondern noch höher wird die geistige Verfassung des Schützen, bis in sein unscheinbarstes

Benehmen hinein, bewertet. Ich jedenfalls erwarte von Ihnen vor allem, daß sie sich durch die Anwesenheit von Zuschauern nicht beirren lassen, sondern völlig unbekümmert die Zeremonie durchführen, als seien wir, wie bisher, ganz unter uns."

Es wurde auch in den folgenden Wochen nicht auf die Prüfung hin gearbeitet, mit keinem Worte wurde sie erwähnt, und oft schon nach wenigen Schüssen wurde der Unterricht abgebrochen. Dafür erhielten wir die Aufgabe, zu Hause die Zeremonie mit ihren Schrittegruppen und Stellungen, vor allem aber mit der rechten Atmung, auszuführen und uns tief zu versenken.

Wir übten in der angegebenen Weise und entdeckten, kaum hatten wir uns daran gewöhnt, die Zeremonie ohne Bogen und Pfeil zu tanzen, daß wir uns schon nach wenigen Schritten ungewöhnlich konzentriert fühlten, und dies um so mehr, je entschiedener wir darauf bedacht waren, durch leicht herbeigeführte körperliche Lockerung den Vorgang der Konzentration zu erleichtern. Nahmen wir im Unterricht dann wieder Bogen und Pfeil zur Hand, wirkten diese häuslichen Übungen so ausgiebig nach, daß wir auch da mühelos in den Stand der „Geistesgegenwart" glitten. Wir fühlten uns so sicher geborgen, daß wir dem Tag der Prüfung und der Anwesenheit von Zuschauern gleichmütig entgegensahen. Wir bestanden die Prüfung so, daß der Meister nicht nötig hatte, mit verlegenem Lächeln die Zuschauer um Nachsicht zu bitten, und erhielten Diplome ausgehändigt, die an Ort und Stelle geschrieben wurden, je mit Angabe der Stufe der Meisterschaft, auf welcher jeder von uns beiden stand. Der Meister schloß die Prüfung dadurch ab, daß er in überaus prächtiger Tracht zwei meisterliche Schüsse abgab. Wenige Tage später wurde meiner Frau noch überdies in einer öffentlichen Prüfung in der Kunst des Blumenstellens der Meistertitel zugesprochen.

Von da ab nahm der Unterricht ein neues Gesicht an. Mit wenigen Übungsschüssen sich begnügend, ging der Meister dazu über, die „Große Lehre" des Bogenschießens im Zusammenhang zu erläutern und sie zugleich den Stufen, die wir erreicht hatten, anzupassen. Obwohl er sich in geheimnisvollen Bildern und dunkeln Vergleichen bewegte, genügten selbst spärliche Andeutungen, daß wir verstanden, um was es geht. Am ausführlichsten verweilte er bei dem Wesen der „kunstlosen Kunst", zu der das Bogenschießen führen müsse, wenn es sich vollenden will. „Wer es vermag", sagte er, „mit dem Horn des Hasen und dem Haar der Schildkröte zu schießen, also ohne Bogen (Horn) und Pfeil (Haar) die Mitte zu treffen, der erst ist Meister im höchsten Sinne des Wortes, Meister der kunstlosen Kunst, ja die kunstlose Kunst selbst und somit Meister und Nichtmeister in einem. Mit dieser Wendung geht das Bogenschießen als bewegungslose Bewegung, als tanzloser Tanz — in das Zen über."

Als ich den Meister einmal fragte, wie wir denn

später, nach der Rückkehr in die Heimat, ohne ihn weiterkommen könnten, erwiderte er: „Ihre Frage ist schon damit beantwortet, daß ich Sie veranlaßt habe, sich einer Prüfung zu unterziehen. Sie sind auf einer Stufe angelangt, auf der Lehrer und Schüler nicht mehr zwei, sondern eins sind. Sie können sich also jederzeit von mir trennen. Auch wenn dann weite Meere zwischen uns liegen, bin ich immer dabei, wenn Sie üben, wie Sie es gelernt haben. Ich brauche Sie nicht darum zu bitten, auf das regelmäßige Üben unter keinem Vorwand zu verzichten, keinen Tag vergehen zu lassen, an dem Sie nicht, wenn auch ohne Bogen und Pfeil, die Zeremonie ausgeführt oder wenigstens richtig geatmet hätten. Ich brauche Sie deshalb nicht darum zu bitten, weil ich weiß, daß Sie das geistige Bogenschießen nicht mehr lassen können. Schreiben Sie mir nie darüber, aber senden Sie mir von Zeit zu Zeit Aufnahmen, aus denen ich sehen kann, wie Sie den Bogen spannen. Dann weiß ich alles, was ich wissen muß.

Nur auf Eines muß ich Sie vorbereiten. Sie beide haben sich im Laufe dieser Jahre verändert. Dies bringt die Kunst des Bogenschießens mit sich: eine bis in letzte Tiefen reichende Auseinandersetzung des Schützen mit sich selbst. Sie haben es bisher wahrscheinlich kaum bemerkt, werden es aber unweigerlich spüren, wenn Sie in der Heimat Ihren Freunden und Bekannten wieder begegnen: es klingt nicht mehr wie früher zusammen. Sie sehen vieles anders und messen mit anderen Maßen. Auch

mir ist es so gegangen, und jedem steht es bevor, der vom Geist dieser Kunst angerührt ist."
Zum Abschied, der kein Abschied war, überreichte mir der Meister seinen besten Bogen. „Wenn Sie mit diesem Bogen schießen, werden Sie fühlen, daß die Meisterschaft des Meisters gegenwärtig ist. Geben Sie ihn keinem Neugierigen in die Hand! Und wenn Sie ihn bestanden haben, bewahren Sie ihn nicht als Erinnerung auf! Vernichten Sie ihn, daß nichts zurückbleibt, als ein Häuflein Asche!"

ES WIRD NUN DOCH, BEFÜRCHTE ich, unterdessen bei manchem der Verdacht rege geworden sein, das Bogenschießen habe sich, seit es im Kampfe von Mann gegen Mann keine Rolle mehr spielt, in eine verstiegene Geistigkeit hinübergerettet und damit in ungesunder Weise sublimiert. Und ich kann es keinem, der so fühlt, verdenken.
Um so entschiedener sei noch einmal betont, daß das Zen nicht erst neuerdings die japanischen Künste und damit auch die Kunst des Bogenschießens von Grund aus beeinflußt hat, sondern daß darüber viele Jahrhunderte vergangen sind. Es verhält sich in der Tat so, daß ein Bogenmeister längst verklungener Tage, der wer weiß wie oft die Probe zu bestehen hatte, keine anderen Aussagen über das Wesen seiner

Kunst hätte machen können, als ein Meister der Gegenwart, in dem die „Große Lehre“ lebendig ist. Über die Jahrhunderte hinweg ist der Geist dieser Kunst derselbe geblieben — so wenig veränderlich wie das Zen selbst.

Um indessen jedem noch immerhin möglichen und, wie ich aus eigener Erfahrung weiß, verständlichen Zweifel zu begegnen, will ich auf eine andere Kunst, deren Bedeutung für den Kampf auch unter den heutigen Verhältnissen nicht in Abrede gestellt werden kann, einen vergleichenden Blick werfen: auf die Schwertkunst. Nicht nur deshalb liegt mir dies nahe, weil Meister Awa sich auch darauf verstand, das Schwert „geistig“ zu führen, und daher gelegentlich auf die erregende Übereinstimmung zwischen den Erfahrungen von Bogen- und Schwertmeistern hinwies, sondern noch mehr aus dem Grunde, weil es aus der Zeit, in welcher das Rittertum in höchster Blüte stand, Schwertmeister also in der Lage sein mußten, ihre Meisterschaft in der unwiderruflichsten Weise zwischen Leben und Tod zu bewähren, ein literarisches Dokument von höchstem Range gibt. Es ist Takuan's, eines großen Zen-Meisters Traktat: „Das unbewegte Begreifen“, worin von der Verbindung des Zen mit der Schwertkunst und somit zugleich von der Praxis des Schwertkampfes ausführlich die Rede ist. Ich weiß nicht, ob es das einzige Dokument ist, welches die „Große Lehre“ der Schwertmeisterschaft so umfassend und ursprünglich auslegt; noch weniger weiß ich, ob es mit Rücksicht auf die Kunst des Bogenschießens ähnliche Zeugnisse gibt. Aber dies eine steht fest: es ist ein großes Glück, daß Takuan's Bericht erhalten geblieben ist, und ein großes Verdienst D. T. Suzuki's, dieses an einen berühmten Schwertmeister gerichtete Schreiben ohne wesentliche Verkürzung übersetzt und damit weitesten Kreisen zugänglich gemacht zu haben[2]). In eigener Anordnung und Zusammenfassung will ich, so durchsichtig und bündig wie nur möglich, hervorzuheben versuchen, was man vor Jahrhunderten schon unter Schwertmeisterschaft verstanden und nach übereinstimmender Auffassung großer Meister seitdem zu verstehen hat.

Es gilt unter Schwertmeistern auf Grund lehrreicher Erfahrungen, die sie an sich selbst wie an Schülern gemacht haben, als erwiesen, daß der Anfänger, wie stark und kampffroh, wie mutig und unerschrocken er auch von Hause aus sein mag, mit Beginn des Unterrichtes außer seiner Unbefangenheit auch sein Selbstvertrauen einbüßt. Er lernt jetzt alle technischen Möglichkeiten der Gefährdung des Lebens im Schwertkampf kennen, und obwohl er bald imstande ist, seine Aufmerksamkeit aufs äußerste anzuspannen, den Gegner scharf zu beobachten, seine Hiebe kunstgerecht abzuwehren und wirksame Ausfälle zu machen, ist er dennoch schlechter daran als zuvor, da er noch aufs Geratewohl um sich schlug, wie es ihm der Augenblick und die Kampfleidenschaft beim Übungsspiel, halb im Scherz und halb im Ernst, eingab. Er muß sich jetzt eingestehen und damit abfinden, daß er jedem Stärkeren, Wendigeren und Geübteren unterlegen, seinen treffsicheren Hieben erbarmungslos ausgesetzt sein wird. Er sieht keinen anderen Weg vor sich als den unermüdlichen Übens, und auch sein Lehrmeister weiß vorläufig keinen anderen Rat. So setzt der Lehrling alles daran, die anderen, ja sogar sich selbst zu übertreffen. Er erwirbt eine bestechende Technik, die ihm ein Stück der verlorenen Selbstsicherheit zurückgibt und fühlt sich dem erstrebten Ziel nah und näher rücken. Der Lehrmeister indessen denkt anders darüber — mit Recht, versichert Takuan: denn alles Können des Lehrlings führt nur dahin, daß „sein Herz durch das Schwert hinweggerafft" wird.

Dabei kann der Anfangsunterricht gar nicht anders erteilt werden; er ist dem Anfänger durchaus angemessen. Dennoch führt er nicht zum Ziel, wie der Lehrmeister nur zu gut weiß. Daß der Lehrling trotz seinem Eifer und vielleicht angeborener Schwerttüchtigkeit nicht zum Schwertmeister wird, ist unvermeidlich. Woran aber liegt es, daß er, der schon längst gelernt hat, sich nicht unbesonnen von der Kampfleidenschaft hinreißen zu lassen, sondern kühles Blut zu bewahren; daß er, der seine Körperkraft umsichtig einteilt, zu langatmigem Waffengang sich gestählt fühlt und in weitem Umkreis kaum mehr ebenbürtige Gegner findet, dennoch, an letzten Maßstäben gemessen, versagt und steckenbleibt?

Es liegt nach Takuan daran, daß der Lehrling nicht unterlassen kann, den Gegner und dessen Art, das Schwert zu führen, sorgsam zu beobachten; daran, daß er überlegt, wie er ihm am wirksamsten beikommen könne, und auf den Augenblick lauert, in dem er sich eine Blöße gibt. Es liegt daran, daß er, um es kurz zu sagen, seine ganze Kunst und Wissenschaft zu Rate zieht. Indem er sich so verhält, büßt er nach Takuan die „Gegenwart des Herzens" ein: er kommt mit dem entscheidenden Streich immer zu spät und vermag daher nicht, des Gegners Schwert „gegen ihn selbst zu kehren". Je mehr er darauf ausgeht, die Überlegenheit der Schwertführung von seiner Überlegung, von der bewußten Verwertung seines Könnens, von Kampferfahrung und Taktik abhängig zu machen, um so mehr hemmt er die freie Beweglichkeit im „Wirken des Herzens". Wie ist dem abzuhelfen? Wie wird das Können „geistig", wie wird aus der souveränen Beherrschung der Technik meisterliche Schwertführung? Nur dadurch, lautet die Antwort, daß der Lehrling absichtslos und ichlos wird. Er muß dahin gebracht werden, daß er sich nicht nur vom Gegner, sondern auch von sich selbst loslöst. Durch das Stadium, in dem er sich noch immer befindet, muß er hindurchgehen, es endgültig hinter sich bringen — auf die Gefahr hin, daß er vollends scheitere. Klingt dies nicht genau so widersinnig, wie wenn beim Bogenschießen verlangt wird, man solle treffen, ohne gezielt zu haben, man solle also das Ziel und die Absicht, es zu treffen, völlig aus den Augen verlieren? Man bedenke indessen, daß sich die Schwertmeisterschaft, deren Wesen Takuan beschreibt, gerade im Kampfe tausendfach bewährt hat.

Es ist Sache des Lehrmeisters, nicht den Weg selbst, wohl aber das Wie dieses Weges zum letzten Ziele hin in Anpassung an die Eigenart des Lehrlings ausfindig zu machen und zu verantworten. Er wird sich zunächst angelegen sein lassen, ihn darauf einzustellen, Hieben instiktiv auszuweichen, selbst dann, wenn sie unversehens gegen ihn geführt werden. D. T. Suzuki hat in einer köstlichen Anekdote die überaus originelle Methode eines Lehrmeisters geschildert, sich dieser nicht gerade leichten Aufgabe zu unterziehen. Der Lehrling muß also gleichsam einen neuen Sinn oder, richtiger gesagt, eine neue Wachheit aller seiner Sinne erlangen, die ihn dazu befähigt, drohenden Hieben zu entgehen, als habe er sie vorausgefühlt. Beherrscht er diese Kunst des Ausweichens, dann hat er nicht mehr nötig, mit ungeteilter Aufmerksamkeit die Bewegungen seines Gegners oder gar mehrerer Gegner zugleich im Auge zu behalten. In dem Augenblick vielmehr, in dem er sieht und vorausfühlt, was zu geschehen anhebt, hat er sich schon instinktiv der Auswirkung dieses Geschehens entzogen, ohne daß zwischen Wahrnehmen und Ausweichen „ein Haarbreit dazwischen“ wäre. Darauf also kommt es an: auf dieses unvermittelt blitzschnelle Reagieren, das bewußter Beobachtung gar nicht mehr bedarf. Und so hat sich der Lehrling, in dieser Hinsicht wenigstens, von allem bewußten Absehen unabhängig gemacht. Und viel ist damit schon gewonnen.

Sehr viel schwieriger und für den Ausgang recht eigentlich entscheidend ist aber die fernere Aufgabe, zu hintertreiben, daß der Lehrling überlege und erspähe, wie er dem Gegner am besten beikommen könne. Ja, nicht einmal daran soll er fortan denken, daß er es überhaupt mit einem Gegner zu tun hat, und daß es dabei um Leben und Tod geht.

Der Lehrling versteht — es kann gar nicht anders sein — diese Anweisungen zunächst so, als genüge es, wenn er auf das Beobachten und Überlegen dessen, was mit dem Verhalten des Gegners in Beziehung steht, verzichtet. Er nimmt sich das geforderte Unterlassen sehr ernsthaft vor und kontrolliert sich auf Schritt und Tritt. Aber dabei entgeht ihm, daß er, indem er sich auf sich selbst konzentriert, sich selbst nicht anders denn als den im Kampfe Befindlichen sehen kann, der sich davor zu hüten hat, den Gegner zu beachten. So gut er es auch immer meine, hat er ihn daher noch immer heimlich im Auge. Nur zum Scheine hat er sich von ihm losgelöst, um so fester verknüpft er sich mit ihm.

Es kostet viel feine Kunst der Seelenführung, den Lehrling davon zu überzeugen, daß er mit dieser Verlagerung der Aufmerksamkeit im Grunde nichts gewonnen hat. Er muß lernen, ebenso entschieden wie von seinem Gegner, auch von sich selbst abzusehen und somit in einem radikalen Sinne absichtslos zu werden. Viel geduldiges, viel vergebliches Üben ist dazu erforderlich, genau wie beim Bogenschießen. Aber wenn diese Übungen einmal zum Ziele führen, ist in der erreichten Absichtslosigkeit der letzte Rest der Absichtlichkeit — des Sichbemühens — verschwunden.

Im Zustande dieser Losgelöstheit und Absichtslosigkeit stellt sich von selbst ein Verhalten ein, welches mit der auf der vorhergehenden Stufe erreichten Fertigkeit des instinktiven Ausweichens überraschende Ähnlichkeit hat. Wie dort zwischen dem Erblicken eines beabsichtigten Hiebes und dem Ausweichen kein Haarbreit dazwischen ist, so geschieht es nunmehr zwischen Ausweichen und Vorgehen. Im Augenblick des Ausweichens holt der Kämpfende schon zum Schlage aus, und, noch ehe er sich dessen versieht, ist sein tödlicher Streich schon treffsicher und unwiderstehlich gefallen. Es ist, als ob das Schwert sich selber führe, und wie beim Bogenschießen gesagt werden muß, daß „Es" zielt und trifft, so ist auch hier an die Stelle des Ich das „Es" getreten, der Fähigkeiten und Fertigkeiten sich bedienend, die sich das Ich in bewußter Anstrengung angeeignet hat. Und auch hier ist das „Es" nur ein Name für etwas, das man weder verstehen noch erjagen kann, und das nur dem offenbar wird, der es erfahren hat[3]).

Die Vollendung der Schwertkunst besteht nach Takuan darin, das kein Gedanke mehr an Ich

und Du, an den Gegner und sein Schwert, an das eigene Schwert und wie es zu führen sei, kein Gedanke mehr sogar an Leben und Tod das Herz bekümmert. „Alles also ist Leere: du selbst, das gezückte Schwert und die schwertführenden Arme. Ja, sogar der Gedanke der Leere ist nicht mehr da.“ „Aus solcher absoluten Leere“, stellt Takuan fest, „entspringt die wunderbare Entfaltung des Tuns.“
Was für das Bogenschießen und die Schwertführung gilt, trifft in dieser Hinsicht auch für jede andere Kunst zu. So erweist sich, um ein weiteres Beispiel zu streifen, die Meisterschaft in der Tuschemalerei gerade darin, daß die die Technik bedingungslos beherrschende Hand in demselben Augenblick, in dem der Geist zu gestalten beginnt, ausführt und sichtbar macht, was ihm vorschwebt, ohne daß ein Haarbreit dazwischen wäre. Das Malen wird zu einem selbsttätigen Schreiben. Und auch hier kann die Anweisung an den Maler geradezu lauten: beobachte zehn Jahre lang Bambus, werde selber zum Bambus, vergiß dann alles und — male.
Der Schwertmeister ist wieder unbefangen wie der Anfänger. Die Unbekümmertheit, die er bei Beginn des Unterrichtes eingebüßt hat, hat er am Ende als unzerstörbaren Charakter wiedergewonnen. Im Unterschied aber zum Anfänger ist er zurückhaltend, gelassen und bescheiden, und es fehlt ihm jeder Sinn dafür, sich aufzuspielen. Zwischen den beiden Stadien der Anfängerschaft und der Meisterschaft liegen eben lange ereignisreiche Jahre unermüdlichen

Übens. Unter dem Einfluß des Zen ist das Können geistig geworden, der Übende selbst aber, in inneren Überwindungen von Stufe zu Stufe freier werdend, verwandelt. Das Schwert, das zu seiner „Seele“ geworden ist, sitzt ihm nicht mehr locker in der Scheide. Er zieht es nur, wenn es unvermeidlich ist. Und dabei kann es vorkommen, daß er dem Kampf mit einem unwürdigen Gegner, einem Rohling, der mit seinen Muskelpaketen prahlt, ausweicht, den Vorwurf der Feigheit lächelnd auf sich nehmend; daß er aber andererseits aus hoher Achtung für seinen Gegner auf einem Kampfe besteht, der diesem nichts anderes als ehrenvollen Tod bringen wird. Hier kommen Gesinnungen zum Vorschein, welche das Ethos des Samurai, den unvergleichlichen „Weg des Ritters“, Bushido genannt, bestimmt haben. Denn für den Schwertmeister steht höher als alles andere, höher als Ruhm, Sieg und gar das Leben: das „Schwert der Wahrheit“, die er erfahren hat und die ihn richtet.

Wie der Anfänger ist der Schwertmeister furchtlos, aber im Unterschied zum Anfänger wird er von Tag zu Tag unzugänglicher für Erschreckendes. In jahrelangem unausgesetztem Meditieren hat er erfahren, daß Leben und Tod im Grunde ein und dasselbe sind und derselben Schicksalsebene angehören. So weiß er nicht mehr, was Angst des Lebens und Furcht des Todes ist. Er lebt — und dies ist für das Zen überaus charakteristisch — gern in der Welt, aber jederzeit dazu bereit, aus ihr zu scheiden, ohne sich durch den Gedanken an den Tod beirren zu lassen. Es ist nicht von ungefähr, daß die Gesinnung der Samurai als lauterstes Symbol die zarte Kirschblüte gewählt hat. Wie sich ein Kirschblütenblatt im Strahl der Morgensonne löst und heiter schimmernd zur Erde gleitet, so muß sich der Furchtlose vom Dasein lösen können, lautlos und innerlich unbewegt.

Frei zu sein von Todesfurcht bedeutet nicht, daß man in allen guten Stunden vermeine, man zittere nicht vor dem Tod, und daß man darauf baut, man werde die Probe bestehen. Wer Leben und Tod meistert, ist vielmehr frei von Furcht jeglicher Art in dem Maße, daß er gar nicht mehr nachzuerleben vermag, wie Furcht sich fühlt. Wer die Macht ernsthafter und anhaltender Meditation nicht aus Erfahrung kennt, kann nicht ermessen, welcher Überwindungen sie fähig macht. Der vollendete Meister jedenfalls verrät, nicht durch Worte, wohl aber in seinem Gebaren, auf Schritt und Tritt seine Furchtlosigkeit: man sieht sie ihm an und ist durch sie tief betroffen. Unerschütterliche Furchtlosigkeit ist daher als solche schon Meisterschaft, die, wie es nicht anders sein kann, nur wenigen wirklich gelingt. Um auch dies durch ein Zeugnis zu belegen, führe ich im Wortlaut eine Stelle aus dem Hagakure an, das um die Mitte des 17. Jahrhunderts entstand[4]).

„Yagyu Tajima-no-kami[5]) war ein großer Meister im Schwertkampf und unterwies den damaligen Shogun Tokugawa Jyemitsu in

dieser Kunst. Einer der Leibwächter des Shogun kam eines Tages zu Tajima-no-kami und bat ihn um Unterricht im Fechten. Der Meister sprach: ‚Soviel ich sehe, scheint Ihr selber ein Meisterfechter zu sein. Bitte, teilt mir mit, welcher Schule Ihr angehört, bevor wir in das Verhältnis von Lehrer und Schüler treten.'
Der Leibwächter sprach: ‚Zu meiner Beschämung muß ich bekennen, daß ich die Kunst nie erlernt habe.'
‚Wollt Ihr mich verspotten? Ich bin der Lehrer des ehrwüdigen Shogun selber und weiß, mein Auge kann nicht trügen.'
‚Es tut mir leid, wenn ich Eurer Ehre zu nahe trete, aber ich besitze wirklich keine Kenntnisse.' Dieses entschiedene Bestreiten machte den Schwertmeister nachdenklich, und schließlich sagte er: ‚Wenn Ihr es sagt, muß es so sein. Aber ganz sicher seid Ihr in irgendeinem Fache Meister, wenn ich auch nicht genau sehe, worin.'
‚Ja, wenn Ihr darauf besteht, will ich Euch folgendes berichten. Es gibt ein Ding, in dem ich mich als vollkommenen Meister ausgeben darf. Als ich noch ein Knabe war, kam mir der Gedanke, als Samurai dürfe ich unter gar keinen Umständen mich vor dem Tode fürchten, und seither habe ich — es sind jetzt einige Jahre — mich fortwährend mit der Frage des Todes herumgeschlagen, und zuletzt hat diese Frage aufgehört, mich zu bekümmern. Ist es vielleicht dies, worauf ihr hinauswollt?'
‚Genau dies', rief Tajima-no-kami, ‚das ist's, was ich meine. Es freut mich, daß mein Urteil

mich nicht betrog. Denn das letzte Geheimnis der Schwertkunst liegt auch darin, vom Gedanken an den Tod erlöst zu sein. Ich habe viele Hunderte meiner Schüler im Hinblick auf dieses Ziel unterwiesen, aber bis jetzt hat keiner von ihnen den höchsten Grad der Schwertkunst erreicht. Ihr selber bedürft keiner technischen Übung mehr, Ihr seid bereits Meister."

Die Übungshalle, in welcher die Schwertkunst erlernt wird, führt seit altersher den Namen:

Ort der Erleuchtung

JEDWEDER MEISTER EINER VOM ZEN her bestimmten Kunst ist wie ein Blitz aus der Wolke der allumfassenden Wahrheit. In der freien Bewegtheit seines Geistes ist sie gegenwärtig, und in dem „Es" begegnet er ihr als seinem ursprünglichen und namenlosen Wesen. Er begegnet diesem Wesen immer und immer wieder als der äußersten Möglichkeit dessen, was er sein kann, und die Wahrheit nimmt für ihn — und durch ihn hindurch für andere — tausend Formen und Gestalten an. Trotz der unerhörten Zucht jedoch, der er sich geduldig und demütig unterworfen hat, ist er noch keineswegs dahin gekommen, so unerbittlich vom Zen durchdrungen und durchglüht zu sein, daß er von ihm in jeder beliebigen Äußerung seines Lebens getragen wird, sein Dasein also nur noch gute Stunden kennt: weil ihm

die höchste Freiheit noch nicht zur tiefsten Notwendigkeit geworden ist.
Treibt es ihn unwiderstehlich zu diesem Ende, muß er sich von neuem auf den Weg begeben — auf den Weg der kunstlosen Kunst. Er muß den Ur-Sprung wagen, damit er aus der Wahrheit lebe wie einer, der mit ihr völlig eins geworden ist. Er muß wieder zum Schüler, zum Anfänger werden, das letzte, steilste Stück des Weges, den er eingeschlagen hat, überwinden, durch neue Wandlungen hindurchgehend. Besteht er dieses Wagnis, dann vollendet sich sein Schicksal darin, daß er der ungebrochenen Wahrheit, der Wahrheit über aller Wahrheit, dem gestaltlosen Ursprung aller Ursprünge: dem Nichts, das doch alles ist, begegnet, von ihm verschlungen und aus ihm wiedergeboren wird.

ANMERKUNGEN

1) D. T. Suzuki: Die große Befreiung. Einführung in den Zen-Buddhismus. Zürich 1958; jetzt O. W. Barth Verlag, Weilheim/Obb.

2) Suzuki: Zen und die Kultur Japans, S. 82 ff.

3) Zum Vergleich empfehle ich H. von Kleist's Traktat „Über das Marionettentheater". Von ganz anderen Ausgangspunkten her kommt Kleist dem hier behandelten Thema verblüffend nahe.

4) Es ist derselbe Meister, an den Takuan sein Schreiben über das „unbewegte Begreifen" gerichtet hat.

EUGEN HERRIGEL, Prof., Dr., 1884 bei Kehl geboren. Nach Studium der Philosophie 1923 Professor in Heidelberg. Von 1924 bis 1929 Prof. phil. an der Kaiserlichen Universität in Sendia, Japan und 1929 bis 1948 o. Prof. für systematische Philosophie in Erlangen. Er verstarb 1955 in Partenkirchen/Obb.

DAISETZ TEITARO SUZUKI, geboren 1869, gestorben 1966, Professor der buddhistischen Philosophie an der Universität in Kyoto, brachte als japanischer Zen-Meister, der auch mit dem abendländischen Denken vertraut war, die Zen-Lehre nach dem Westen. Er hielt u. a. Vorlesungen an der Columbia-Universität in New York. Noch immer ist er die größte Autorität auf dem Gebiet des Zen-Buddhismus. Er veröffentlichte zahlreiche Bücher und Beiträge über Zen.

Daisetz T. Suzuki
Der Wegbereiter des Zen im Westen:

Seine Hauptwerke in Einzelausgaben
im O. W. Barth Verlag

LEBEN AUS ZEN
Eine Einführung in den Zen-Buddhismus

SATORI – DER ZEN-WEG ZUR BEFREIUNG
Die Erleuchtungserfahrung im Buddhismus und im Zen

ZAZEN – DIE ÜBUNG DES ZEN
Grundlagen und Methoden der Meditationspraxis im Zen

KOAN – DER SPRUNG INS GRENZENLOSE
Das Koan als Mittel der meditativen Schulung im Zen

KARUNA – ZEN UND DER WEG DER
TÄTIGEN LIEBE
Der Bodhisattva-Pfad im Buddhismus und im Zen

PRAJNA – ZEN UND DIE HÖCHSTE WEISHEIT
Die Verwirklichung der «transzendenten Weisheit»
im Buddhismus und im Zen

SHUNYATA – DIE FÜLLE IN DER LEERE
Essays über den Geist des Zen in Kunst,
Kultur und Religion des Fernen Ostens

MUSHIN – DIE ZEN-LEHRE VOM
NICHT-BEWUSSTSEIN
Das Wesen des Zen nach den Worten des Sechsten Patriarchen